ニュースの“なぜ？”は
地政学に学べ

日本人が知らない57の疑問

茂木　誠

SB新書
618

はじめに
なぜ、地政学を学ぶと、ニュースがよくわかるようになるのか？

ロシアのウクライナ侵攻で一変した世界

２０２２年2月24日、ロシアはウクライナへ全面的な軍事侵攻をしました。その数週間前から、ロシアはウクライナとの国境線近辺に軍隊を集結させていたものの、ロシア専門家の多くは「侵攻に踏み切る可能性は低い」という予測をしていました。

ところが、予想に反してロシアはウクライナに攻め込み、第二次世界大戦以降のヨーロッパにおける紛争では最大規模の戦争となり、世界に衝撃を与えました。特に地続きのヨーロッパ各国では強い反応が目立ちました。

それまで国防費の増加を頑なに抑えていたドイツが、真っ先に軍事力の増強を決定し、ポーランドやデンマークが後に続きました。さらに、ロシアと近接するフィンランド、スウェーデンが伝統的な中立政策を転換し、ＮＡＴＯ（北大西洋条約機構）への加盟を申請したのです。

ソ連崩壊以後、約30年間続いた欧州の安全保障の枠組みは根本的に変化し、新しい冷戦の時代が始まったと捉えられています。

この変化は全世界へ波及し、国際政治の動向に対する関心が薄く、長らく〝平和ボケ〟状態になっていた日本人の危機意識も呼び覚ましてくれました。

護憲派の旗手ともいえる朝日新聞が2022年7月中旬に実施した世論調査によると、岸田政権のもとで憲法9条を改正し、自衛隊の存在を明記することについて、「賛成」51%、「反対」33%と、賛成が反対を上回ったのです。

安倍政権下で行われた同じ趣旨の世論調査の中で、比較可能な直近分（2018年3月）を見ると、自衛隊の存在明記に「賛成」33%、「反対」51%という結果でした。完全に、賛成と反対が逆転したことになります。

2018年から2019年にかけて、トランプ政権下の米国と中国との貿易摩擦が激化し、米中関係が「新冷戦」とまでいわれるほど冷え込んだときも、多くの日本人は、どこか〝他人事〟のように眺めているだけでした。

それが、ロシアのウクライナ侵攻後、中国の台湾への武力行使の可能性が現実味を持って語られるようになるなど、激変したといえるでしょう。

岸田政権も、おそらくはアメリカの要請を受けて重い腰を上げ、具体的な行動を起こしました。２０２２年12月、いわゆる「安保3文書」を改定し、閣議決定したのです。同文書には、敵のミサイル発射基地などを攻撃する「反撃能力」の保有を初めて明記するとともに、中国を「これまでにない最大の戦略的な挑戦」、北朝鮮を「一層重大かつ差し迫った脅威」と表現しています。

これまで歴代内閣が二の足を踏んできた防衛費の対ＧＤＰ比２％への増額も決定し、その財源として増税問題が浮上したことは、記憶に新しいでしょう。

地政学は世界情勢を読み解くツール

ロシアのウクライナ侵攻が起きてから、改めて注目を集めた学問があります。それが、本書のタイトルにも入っている「地政学」です。その理由は、**ロシアが侵攻を行った背景やウクライナ侵攻以降の国際情勢について、地政学によってわかりやすく説明できる**からです。

地政学をひと言で表現するならば、「**その国の地理的な条件から、国家の行動や国際関係を説明する学問**」となるでしょう。地政学は19世紀後半に誕生したとされており、20世紀に入って大きな発展を遂げました。

20世紀は、それまでの帝国主義のもとで繰り広げられた西欧列強による植民地争奪競争がひと段落し、帝国主義体制と植民地維持を目的とした、列強国間の勢力均衡（バランス・オブ・パワー）による安全保障を模索した時代です。そのバランス・オブ・パワーが崩れたときに、二度の世界大戦が発生しました。

そうした流れを、地政学はどのような背景・原因があってそういう事態になったのか、鮮やかに解き明かしてくれます。

裏を返せば、国家を動かす、時の政治家や軍人といった権力者が、地政学を深く研究し、その理論に基づいて外交や軍事を展開したためで、当然の帰結ともいえます。そして、その構図は、現代にあっても変わっていないのです。

地理的条件は、時代を超えても変わりません。ロシアが帝政であろうが、共産党政権であろうが、プーチン体制であろうが、ロシアがあの位置にある限り、**ロシアの行動様式はその地理的条件に規定される**のです。

世界史は、地政学を抜きには語れません。

そして、**地政学は、過去の歴史を理解するためだけの理論ではなく、現在および未来に**

向けての指針を考える上での有力な方法論となり得ます。

地政学の基本的な原理をおさえる

本書の狙いは、地政学の考え方を理解した上で、現実の国際情勢を読み解ける力を読者のみなさまに持っていただくことです。

そこで本編に入る前に、まずは地政学の基本的な原理を解説します。

前述したように、地政学には約120年以上の歴史があります。その間、さまざまな学説や理論が形成され、発展してきました。その全貌を網羅することは専門家にまかせるとして、本書のような一般書では、まず古典地政学の礎を築いた代表的な学者と、彼らの理論の基礎を紹介すれば十分でしょう。

「宇宙やサイバー空間に戦域が拡大した現代戦においては、19世紀に生まれた古典地政学は時代遅れだ」といわれたこともありました。

ところが、**ウクライナ戦争以降の国際情勢は、初期の古典地政学によって明快に説明できる**のです。

地政学の基本原理は次の通りです。

〈地政学の基本〉

①隣接する国家間には対立関係がある

②国家は「海洋国家（シーパワー）」と「大陸国家（ランドパワー）」に分けられる

③「大陸国家（ランドパワー）」は「海洋国家（シーパワー）」になることを目指す

④人類の歴史は「大陸国家（ランドパワー）」と「海洋国家（シーパワー）」の闘争の歴史である

では、さっそく順番に見ていきましょう。

【古典地政学の祖フリードリヒ・ラッツェル（1844〜1904年）】

ラッツェルは、ドイツの地理学者であり生物学者。古典地政学の祖とされ、国家を一個の生命体と考える「国家有機体説」を地理学と結びつけたことで知られています。

国家や民族、宗教といったものは、人間という生物が形成する集団であり、生物の根本的な行動原理は「生存競争」であるという前提に基づきます。生物の生存には水や食料が不可欠であり、成長していくためには、水が豊富で食料を確保できる一定の縄張りが必要

です。この縄張りを他の個体と争うのが生物の本来の姿であり、そこには善も悪もありません。

国家を生命体と考える国家有機体説では、国家間の生存を賭けた縄張り争いが、国際情勢を動かしていると考えます。国家の成長と維持のために、縄張り＝領土や勢力権を拡大しようとするのは国家の本質であり、そこには善も悪もない、という考え方です。

ところが、地球上で人類が生存できる地域には限りがあります。そこで際限なく領土拡大を志向すれば、当然、周囲の国々と軋轢《あつれき》を生みます。それが、時に戦争へとつながるのです。

つまり、**地政学では、隣接する国家間には対立関係があることが基本原理となります。**

ラッツェル自身は、「国家が戦争を通して拡大していくことは、自然の発展傾向である」という言葉を残しています。

【「地政学」を唱えたルドルフ・チェーレン（**1864〜1922年**）**】**

チェーレンは、スウェーデンの政治学者および政治家。ラッツェルに師事し、国家有機体説を継承、発展させました。主著『生命体としての国家』の中で、チェーレンは「領域としての国家は、**地政学**によって研究されるべきである」と述べ、地理的な条件に基づいて国家を研究することが地政学であると定義しました。「地政学」という用語は、このときチェーレンが初めて使用したものです。

地政学では、国と国との境界である国境がどういう状態であるかが重要な要件になっています。たとえば、ほとんどの国境が陸続きである国を「**大陸国家**」と呼びます。

チェーレンは、国家の「自然的境界」は「海の境界」が理想であるとし、**大陸国家が海洋進出を目指すことは自然なことである、**と論じています。彼はスウェーデン人でしたが、ビスマルクのもとで統一され、急速に国力を強めていったドイツ帝国に心酔し、生命体としての国家がどういった性質や志向を持つのかについて、研究を深めました。

【アメリカの海洋国家化を先導したアルフレッド・マハン（1840〜1914年）】

ラッツェルと同世代のマハンは、米海軍大学の教官として古今の海軍戦術の歴史を教え、将来のアメリカは、イギリスのような海洋国家を目指すべきだ、と説きました。

主著『海上権力史論』は、海軍戦略の古典的名作であり、地政学の重要かつ基本概念である「シーパワー」についても、初めて体系的に論じています。

地政学の基本用語である「**海洋国家**（**シーパワー**）」と「**大陸国家**（**ランドパワー**）」という言葉は、マハンが最初に使いました。**海洋国家とは、海岸線を国境線としている国のことで、島国イギリスがその典型です。大陸国家は国境線が陸続きの国のことです。**

西部開拓時代のアメリカは、ランドパワーとして出発しました。ところが、19世紀後半にアメリカは、カリフォルニアを併合して西部開拓という国家目標を達成しました。だから今後のアメリカは、強力な海軍をつくってイギリスのようなシーパワーを目指すべき、とマハンは説きます。具体的には、カリブ海のキューバ、太平洋のハワイとフィリピンを併合し、中米にパナマ運河を建設すべきだ、と訴えたのです。マハンは幕末の日本を訪問し、徳川慶喜とも会っています。将来、日本は海軍大国になるだろうから、アメリカは日本と同盟関係を結び、南下政策を進めるランドパワーのロシアを抑えるべき、とも主張しています。

彼の理論はアメリカ政府を動かしたのみならず、外国にも広く影響を与えました。ドイツ海軍はティルピッツ提督のもと、マハンの思想を取り入れて大艦隊を創設しました。日本海軍はマハンのもとに青年士官を派遣し、直接教えを受けています。彼の名を秋山真之《さねゆき》といい、のちに連合艦隊参謀として東郷平八郎を補佐し、日露戦争時の日本海海戦でロシア艦隊を撃破した人物です。

【ロシア封じ込めを唱えたハルフォード・マッキンダー（1861〜1947年）】

マッキンダーは、イギリスの地理学者で、オックスフォード大学教授。政治家としても活躍しました。マハンに影響を受けており、基本的原理として、「**人類の歴史はランドパワーとシーパワーの闘争の歴史である**」を掲げています。

イギリス海軍がエジプトからインド、上海《シャンハイ》まで進出し、帝国主義政策が軌道に乗っていた時代、ロマノフ王朝のロシアは長期の経済停滞に苦しんでいました。ロシア軍が黒海から地中海へ進出しようとしてイギリス海軍に叩きのめされたクリミア戦争をきっかけに、ロシア皇帝はようやく近代化の必要を悟り、イギリス・フランスからの投資を受け入れ、油田開発や鉄道建設に着手しました。この外資導入によりロシア経済は急成長し、財源を確保したロシア政府は軍備増強と周辺諸国への侵略に乗り出しました。

後進国と思って投資していたら、いつの間にか軍事大国になっていたというのは、昨今の中国とまったく同じです。

ロシアがイギリス領インドや、中国のイギリス利権を脅かし始めたのを見たマハンは、従来の対ロシア政策を大転換して、「封じ込め」を行うべきだと提言したのです。

その具体的な方策として、ロシアを脅威と感じている国々と協力して包囲網を形成し、投資や貿易を制限することが有効であると説きました。

これを受けてイギリス政府は、日本と日英同盟を締結しました。日本が朝鮮半島をめぐってロシアと対立関係にあったからです。またロシア革命に際して少数民族の独立をサポートしたり、ポーランドやバルト三国（エストニア、ラトビア、リトアニア）をロシアから独立させて、ヨーロッパとの間に緩衝地帯をつくったりしました。

マッキンダーが主導した「ロシア封じ込め」という戦略は、第二次世界大戦後はアメリカが引き継ぎ、米ソ冷戦で活用されました。西欧諸国（NATO《ナトー》）、中東諸国（METO《メトー》）、東南アジア諸国（SEATO《シアトー》）、日米安保条約でソ連を包囲し、ニクソン政権の大統領補佐官ヘンリー・キッシンジャーは中国まで取り込み、完全にソ連を孤立させました。その結果、経済的に干上がったソ連を内側から崩壊させることに成功したのです。

【大東亜共栄圏にも影響を与えたカール・ハウスホーファー（1869~1946年）】

第一次世界大戦でイギリスに敗北したドイツ陸軍の将校だったハウスホーファーは、イギリス打倒をドイツの国益と考えました。そのため、ドイツとソ連が「ランドパワー同盟」を結ぶことを主張します。

また、ハウスホーファーは駐日武官として日本に長く赴任していて日本語をマスターし、日本研究者としても知られていました。ドイツの弱点は海軍です。日露戦争に勝利した海洋国家日本と手を結び、アメリカも味方につければ、イギリスの世界覇権を終わらせることができるだろう――。つまりイギリスを排除した後の世界を、ドイツ・ソ連・日本・アメリカの四大国で分割するという「パンリージョン・プラン」を提唱しました。ハウスホーファーの影響を受けたのが松岡洋《よう》右《すけ》外相や近衛《このえ》文麿《ふみまろ》首相で、彼らが主導した「東亜新秩序」や「日独伊三国軍事同盟」構想につながったのです。

ドイツでは、ナチス（国民社会主義ドイツ労働者党）のヘス副総統や、リッベントロップ外相などに思想的な影響を与えました。そのためドイツ地政学はナチスの侵略と結びつけられ、第二次世界大戦後は完全に否定されてしまいました。

しかし独ソ同盟を唱えるハウスホーファーの計画を、独ソ戦争を起こしてぶち壊したのはヒトラーです。また、ハウスホーファーは妻がユダヤ人であり、ナチスのユダヤ人迫害には反対したため、ヒトラーから疎んじられていたのです。

イギリスを敵視し、ドイツとロシアが連携すべきというハウスホーファーの地政学は、むしろロシアのプーチンが採用したように私には見えます。

以上、これまで、地政学の基本原理と、歴史との関わりについて、ほんの〝さわり〟を紹介しました。

「地政学とはこんなもの」というイメージができていれば十分です。ではさっそく、いま私たちの目の前で起こっているニュースを読み解いていきましょう。

茂木 誠

ニュースの〝なぜ？〟は地政学に学べ　目次

第2章 「米中新冷戦」で変わる国際秩序

第3章 これから、「米国の外交政策」はこう変わる！

第4章　中国は、本当に台湾に侵攻するのか？

第5章 台湾の「シリコンの盾」はどこまで有効か？

第6章　ウクライナ侵攻で動揺する欧州

第7章　存在感を増すインドとイラン

※本書は、CGS（チャンネル・グランド・ストラテジー）が配信しているYouTubeチャンネル「ニュースでわかる地政学」の内容を基に、新たに大幅な加筆・修正を行っています。

第1章

地政学で読み解く「ウクライナ戦争」のゆくえ

Q1．なぜ、ウクライナは「徹底抗戦」を選んだのか？

ロシアによるウクライナ侵攻が始まったとき、日本国内の特にリベラル系の識者の間で、次のようなコメントが散見されました。

「抵抗をすればするほど国民の犠牲が増える。人命を最優先に考えるなら、早めに降伏をすべきではないか」

この意見に共感する日本人は、少なくないかもしれません。しかし、当事者のウクライナ国民の意識はまったく違いました。キーウ（キエフ）国際社会学研究所が開戦3か月後の2022年5月に実施した世論調査によると、ロシアによる侵攻が長期化し、ウクライナの独立性が脅かされる事態になったとしても、「領土に関する譲歩を支持しない」と回答した人が82％にのぼったのです。

そして、戦闘が激しさを増した約半年後の10月に実施した、同研究所による世論調査では、ミサイル攻撃が続いてもロシアと戦い続ける必要があると回答した人は86％になりました。ロシアと国境を接している東部のハリコフやドネツクという、ロシア語を話す住民が多い地域でも69％でした。

この世論調査の結果は、ウクライナの近現代史を辿っていくと当然といえるでしょう。穀倉地帯のウクライナは長くロシア帝国に支配され、ロシア革命に乗じて束の間の独立をしたものの、今度はソヴィエト連邦（ソ連）に併合されました。

ソ連共産党の書記長スターリンはウクライナ人の独立運動を抑え込むため、人為的な飢饉をウクライナで起こしました。強制的に穀物や家畜を徴収したのです。抵抗した村があると、スターリンは赤軍に封鎖させて一切食料を与えず、餓死させました。飢饉を意味する「ホロド」と「死」を意味する「モール」から、この人工飢餓を「ホロドモール」と呼びます（１９３２〜１９３３年）。

その結果、３３０万人から１４５０万人が飢え死にしたとウクライナ政府は推定しています。あまりに膨大な数にのぼるため、いまだに総数は把握できていません。

「ホロドモール」は、日本でいえば昭和初期の出来事です。今もその生々しい記憶はウクライナ人に語り伝えられています。しかしソヴィエト連邦時代、この話をすることはタブーとされ、公式の歴史から完全に消去されていたのです。

凄惨な事実が明るみに出たのは、ソ連が崩壊して、１９９１年にウクライナが独立してからです。たった30年ほどしか経っていません。

ドイツ国会は、2022年11月、「ホロドモール」を「ジェノサイド（大量虐殺）」と認定しました。スターリン時代のソ連は、飢餓と抑圧によって、独立運動だけでなくウクライナの文化と言語を抹殺しようとしたと指摘しています。ルーマニア、アイルランド、モルドヴァも「ホロドモール」をジェノサイドと認定しています。

その一方でロシアのプーチン政権はこの事件を「共産党政権の計画経済の失敗」とし、「民族抹殺（ジェノサイド）」とは認めていません。

ウクライナの人々は、自分たちの両親や祖父母から、ロシアに支配されたらどんな目にあうのかを聞かされて育ってきたのです。いま、国民の犠牲を払っても激しい抵抗を続けているのは、**ロシアに降伏すれば、もっと恐ろしい目にあうだろうと考える**からです。

こうした歴史的背景を知らずに、安易に「人命を最優先すべき」「抵抗するな」などと声高にいう人たちは、勉強不足で無責任だと思います。

Q2. なぜ、プーチンはウクライナに執着するのか？

一方、**プーチンにとって、ウクライナをロシアの勢力圏に取り戻すことは悲願であり、**

自らの使命と考えています。２０２１年7月、プーチンは『ロシア人とウクライナ人の歴史的な一体性について』という論文を発表し、「一つの民族」だと主張しているのです。

この論文によれば、古代のキエフ・ルーシ（キエフ公国）の流れを汲むロシア・ベラルーシ・ウクライナは、共通の宗教（正教会）を持つ不可分の姉妹国家であり、分割することはできない。ところが、ポーランド、ドイツ、イギリス、アメリカなど西側諸国が繰り返し介入し、ウクライナを奪い取ろうとしてきた。ウクライナ国内にも、これに呼応する裏切り者がいる。いま行動しなければ、ウクライナは永遠に失われてしまうだろう――。これが、プーチン論文の内容です。

たしかに、この3国は古代において同じ国家（キエフ・ルーシ）に属していました。ただし、13世紀（鎌倉時代）にモンゴル軍の侵攻でキエフ・ルーシが崩壊したあとは、別々の道を歩んできたのです。プーチン論文はこの点を軽視しています。

もし、「古代において同じ国家だったのだから併合する」という論法が通るなら、古代において朝鮮半島やベトナムを支配していた中国が、いまの南北朝鮮やベトナムに軍事侵攻することも許されるでしょう。

一方、実利的には、「ランドパワー大国ロシアの復活」という野望を隠さないプーチンにとって、ウクライナは不可欠の存在です。**穀物生産地であることに加え、クリミア半島にある軍港セヴァストポリは、ロシアが黒海の制海権を確保するために、地政学上、どうしてもおさえておきたい場所**です。

黒海が地中海とつながるボスフォラス海峡は、ロシアの「チョークポイント」になっています。チョークポイントとは、地政学では戦略的に重要な地域・拠点を意味します。ロシアの軍艦や商船が地中海に出るには、ボスフォラス海峡を通るしかありません。

18世紀、帝政ロシアの女帝エカチェリーナ2世はクリミア半島を併合し、軍港セヴァストポリを建設しました。この時代から多くのロシア人がウクライナ東部に移住し、ロシア化を進めました。これが現在も続く、ウクライナ国内の東西対立の遠因です。東部ウクライナでは今もロシア語を母国語とする人たちが、多数を占めているのです。

19世紀にはロシアの南下を阻止するためイギリス・フランス軍が攻め込み、セヴァストポリ要塞で激戦になりました（１８５３〜１８５６年のクリミア戦争）。

ソ連時代、スターリンの後継者になったフルシチョフは、ウクライナ出身のロシア人でした。ホロドモールで悪化したウクライナ人の反ロシア感情をなだめるため、彼はクリミア半島を「ロシア領」から「ウクライナ領」へ移管します。同じソヴィエト連邦の構成国だったので、何の問題もなかったのです。

ソ連崩壊時にクリミアはそのままウクライナ領になりました。そこでロシアはウクライナと賃貸契約を結び、軍港セヴァストポリを借りて、使い続けていたのです。

ウクライナがＮＡＴＯ（北大西洋条約機構）に加盟し、ロシア軍の撤退を要求すれば、ロシアは黒海への出口を失うばかりか、米軍がセヴァストポリに駐留し黒海を支配することになりかねない。だからプーチンは、ＮＡＴＯ加盟の動きを見せていたウクライナの親米政権を見過ごせなかったのです。

４０００万を超す人口と肥沃で広大な国土を支配下に置くことができれば、食料の自給問題はほぼ解決し、黒海への出口という地政学的に極めて重要なクリミア半島を完全に掌握することができる。ウクライナ問題は、ロシアの安全保障問題そのものなのです。

ロシアとウクライナの交戦状態は、長期化すると考えるのが妥当でしょう。

Q3．ウクライナ戦争の始まり――「マイダン革命」とは何か？

ウクライナ戦争の始まりは、２０２２年ではありません。

1991年のソ連崩壊後、ウクライナは独立したものの、親欧米派と親ロシア派の対立が恒常化していました。その中でも、**2014年2月に起きた「マイダン革命」こそ、現在のロシアによるウクライナ侵攻の遠因です。**

当時のウクライナの大統領であるヤヌコヴィッチは、プーチンに忠誠を誓う親露派と目されていました。プーチンの意を受けたヤヌコヴィッチは、EUとの連合協定の署名を白紙撤回します。

これに反発した西ウクライナの親欧米派が反政府集会やデモを開催し、首都キーフの「独立広場（マイダン）」で政府の治安部隊と衝突して死者を出す事態になりました。ヤヌコヴィッチ大統領はロシアに逃亡し、親欧米派の野党が暫定政権を樹立します。舞台となった広場の名を取って、この一連の政変は「マイダン革命」とも呼ばれています。

しかし、これで一件落着とはなりませんでした。次に、ロシア系住民が多い、ウクライナの東部と南部で親露派の抗議運動が広がったのです。特に、ロシア系住民が人口の約6割を占めるクリミア自治共和国では、ウクライナからの分離独立運動が起きました。

この機を逃さず、クリミアに派兵したのがプーチンです。住民投票でロシアへの編入を取り付け、2014年3月に併合を強行したのです。

ウクライナ政府軍と親ロシア派武装勢力が衝突したドンバス地方

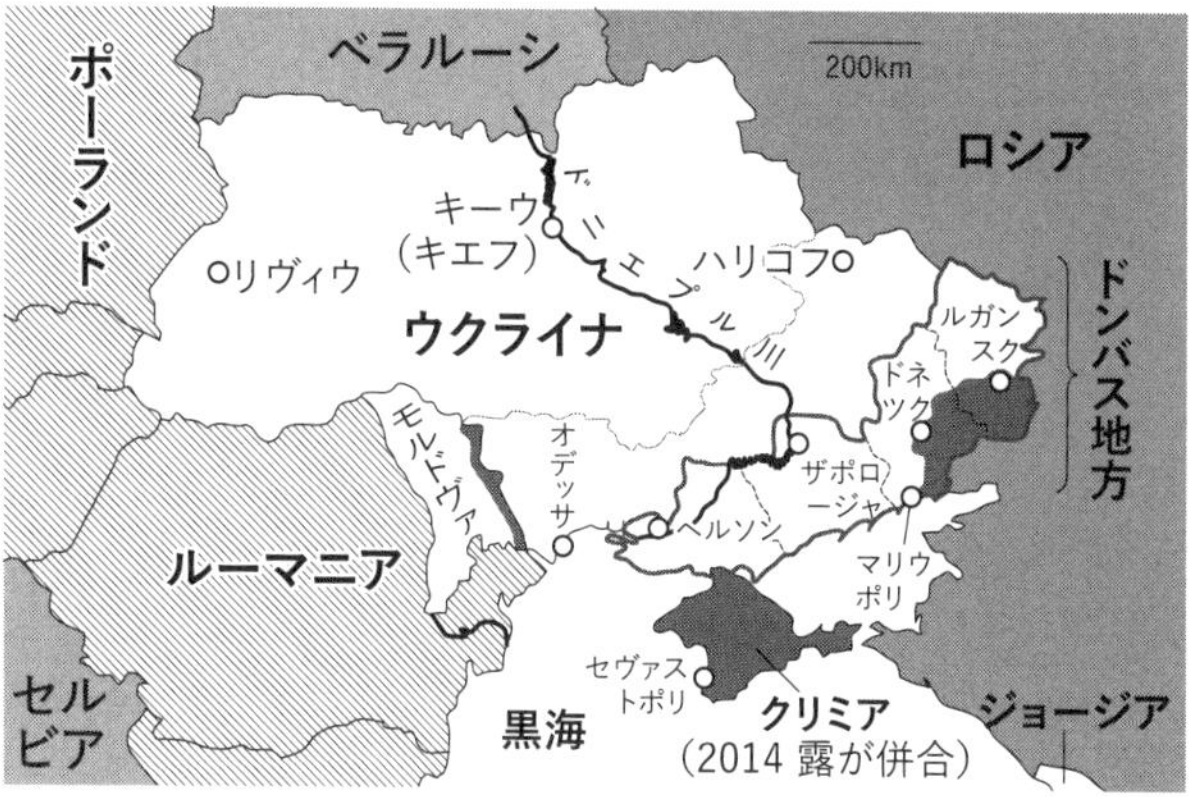

図案作成：著者

ウクライナ東部のドンバス地方（ルガンスク州・ドネツク州）では、親ロシア派武装勢力が独立を宣言し、これを認めないウクライナ政府軍との内戦状態になりました。いったん停戦で合意したものの、双方が合意を守らず、断続的な武力衝突は続きました。

以上が「マイダン革命」のあらましです。

ポイントとなったヤヌコヴィッチ政権の転覆に大きな関与をしたのが、アメリカのオバマ政権でした（詳細は次節で解説します）。

そのあとアメリカが擁立したポロシェンコが、2014年6月、第5代大統領に就任しました。彼はウクライナ最大のお菓子メーカーのオーナーで、「チョコレート王」と呼ばれます。

ウクライナ戦争の相関図

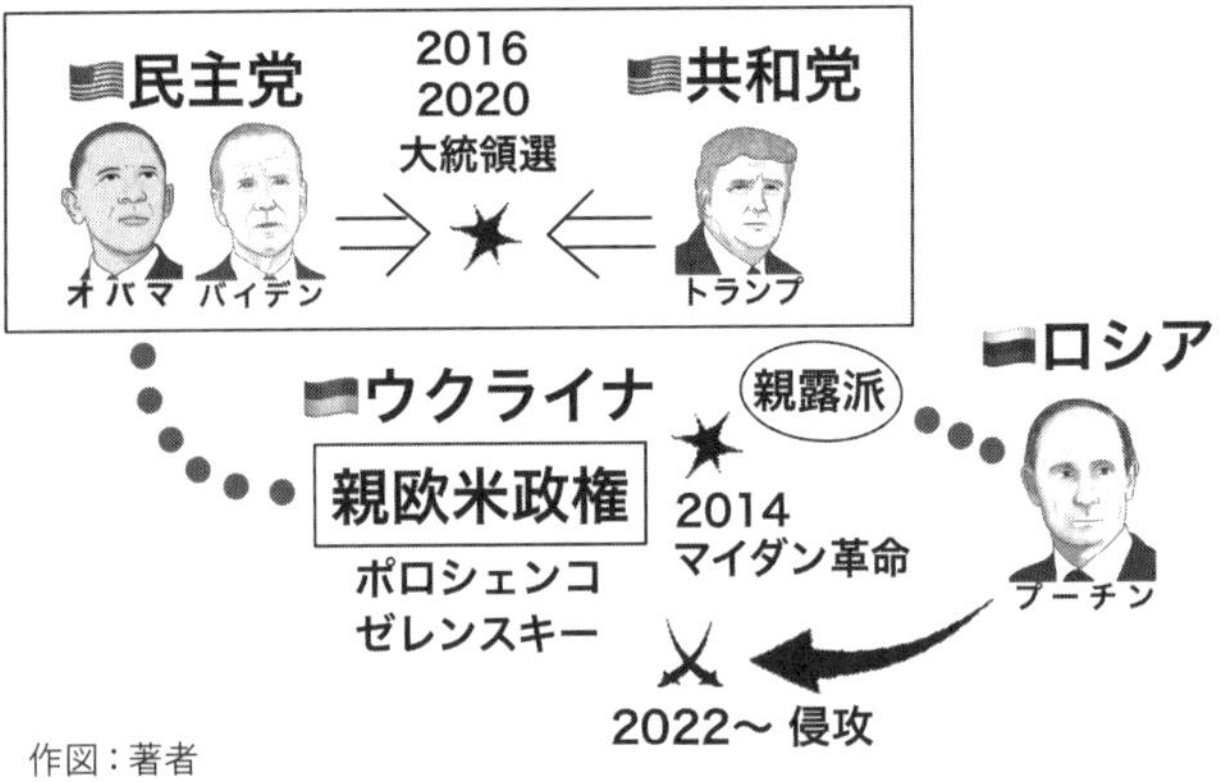

作図：著者

ポロシェンコは東部ドンバスに戦車部隊を派遣し、ロシアとの緊張が一気に高まります。

このとき、ウクライナ政府軍と民兵組織がロシア系住民を多数殺害したと、ロシアは主張しました。今回のウクライナ侵攻が「ロシア系住民の保護」を名目にしたのはそのためです。

２０１９年5月、大統領に選出されたテレビ俳優出身のゼレンスキーは、血統はユダヤ人ですが、ロシア語を母国語とする東部の出身なので、当初は親露派と親欧米派の中間的な存在と見られており、プーチンも彼に期待していた節があります。

ところが、ゼレンスキーのスポンサーは

「ウクライナのメディア王」と呼ばれるユダヤ系のコロモイスキーでした。コロモイスキーは徹底的な反ロシア派であり、「アゾフ大隊」という民兵組織をも率いていたのです。

Q4．ウクライナ戦争に、アメリカはどう関わってきたのか？

ウクライナ危機は、オバマ民主党政権下の2014年に始まりました。オバマといえば、核廃絶のプラハ演説、ノーベル平和賞の受賞、アメリカ大統領として初の広島訪問など平和主義者のイメージを演出した人物です。

ところが、これはオバマの「表の顔」でした。

オバマはCIAなど謀略機関や、民間の財団をフル活用して、世界中の反米政権を転覆させるという「裏の顔」を持っていました。その結果が「アラブの春」であり、旧ソ連諸国で起こった「カラー革命」だったのです。

このオバマ政権と二人三脚で、世界各地の親米勢力に莫大な資金提供をしてきたのが、ウォール街を代表する機関投資家ジョージ・ソロスのオープン・ソサエティ財団でした。

ソロスは、ハンガリー出身のユダヤ人です。ハンガリーは、戦時中はナチス・ドイツ、戦後はソ連共産党の支配を受け、圧政に苦しんできました。投資家として大成功したソロスは、その潤沢な資金を「世界の民主化」のために使おうと決意し、財団を立ち上げたのです。「オープン・ソサエティ」――文字通り「国境のない開かれた社会」を目指すのが、彼の目標です。

ウクライナの場合、独裁的な親露政権に対して抵抗する親欧米派勢力をソロスが支援してきました。その「成果」が2014年のマイダン革命だったといえます。

オバマ政権の国務次官補でロシア東欧担当のビクトリア・ヌーランド（女性）が、ウクライナ新政権の閣僚名簿にまで口を出していたことが、親露派による電話の盗聴によって暴露され、本人もしぶしぶ認めています。

また、オバマ政権の副大統領だったジョー・バイデンがウクライナを訪問してポロシェンコ大統領に大規模な援助を約束しています。このとき随行した息子ハンター・バイデンは、ウクライナ最大のガス会社ブリスマの名目的な取締役に就任し、なにも仕事がないのに破格の給与を受け取っていました。これは贈賄と疑われても仕方ありません。

このブリスマ社は腐敗の温床であり、不明朗な会計をウクライナ検察庁から捜査されていました。これを聞いたバイデン副大統領は、ポロシェンコ大統領との電話で「検事総長をクビにしろ。さもないとアメリカのウクライナ支援に支障がでるぞ」と脅し、実現しています。これも、電話録音が暴露されました。なお、バイデン家は中国国営企業との癒着の疑いもあります。

つまり、**アメリカのオバマ民主党政権、バイデン家、ソロスの財団が総がかりでサポートしたのがウクライナのポロシェンコ政権**だったということです。ロシアとの関係が悪化するのは当たり前といえます。

ところがその後、「アメリカ第一！」のトランプ政権（２０１７〜２０２１年）が成立しました。トランプはウクライナ介入を手控えた結果、米露関係は劇的に改善されました。トランプはアフガニスタンや中東への介入もやめ、シリアからも撤退しました。

「トランプとなら話ができる」と考えたプーチンは、ウクライナ東部への武力による圧力を、いったん緩和させます。

これが暗転したのが、２０２０年のアメリカ大統領選挙です。２期目を目指したトランプがまさかの敗北、あのジョー・バイデンが合衆国大統領になったのです。

バイデン政権の閣僚には、「マイダン革命」に関与した人々が返り咲きました。国務副長官だったブリンケンが国務長官に、国務次官補ヌーランドが国務次官に昇進します。

バイデン、ブリンケン、ヌーランドのトリオがふたたびウクライナ親米政権をてこ入れするのは火を見るより明らかでした。これを受けてウクライナのゼレンスキー大統領も、ロシアとの対話の道を閉ざしていきます。

「もはやこれまで」とプーチンは判断したのでしょう。ただ、ロシア軍のウクライナ侵攻はアメリカとの戦争の危険をはらむので、プーチンは逡巡します。

そのプーチンが、ウクライナ侵攻に踏み切ったのは、2022年2月24日。プーチンに決断させた要因の一つが、バイデン大統領の発言でした。

ウクライナ国境にロシア軍が集結して緊張が高まっている段階で、バイデン大統領が、「米軍もNATO軍もウクライナには送らない」と発言したのです。この発言を引き取った格好でNATOの高官も、「ロシアが侵攻した場合、NATO軍は介入しない」という旨のコメントを出しました。

軍事的な緊張が高まっているとき、あるいは戦時において、当事国や関係国の譲れない一線、つまり「レッドライン」をどこに引くかは、極めて重要な問題です。相手の真意がわからないからこそ、腹の探り合いが生まれる。簡単に手の内を明かしてしまうのは、「バランス・オブ・パワー」を崩し、抑止力の放棄につながります。

このバイデン発言が、いかにゼレンスキーを落胆させたのかがわかるというもの。そこまで保たれていた「バランス・オブ・パワー」の均衡が崩れた瞬間です。**プーチンは、バイデン発言を「西側の欧米諸国はロシアのウクライナ侵攻を許容した」と受け取った**のです。バイデンは誤ったシグナルを（わざと？）プーチンに送ってしまったわけです。

バイデンは、「米国とロシアが互いに攻撃を始めれば世界大戦になる」とも発言しています。しかしキューバ危機の際のケネディ大統領、ソ連のアフガン侵攻時のレーガン大統領は、「世界大戦も辞さず」という構えでソ連と交渉した結果、ソ連を撤退させることに成功しています。これが「抑止力」というものです。「戦争反対、でもアメリカは介入しません」では相手に舐《な》められるだけ。バイデンは、見事にレッドラインを引き損なったのです。それがバイデンの無能を意味するのか、はたまたロシアを戦争に引きずり込むための策略だったのかは、まだわかりません。

Q5．なぜ、欧州の地政学リスクは高くなるのか？

ロシアは東部ドンバスの2州に加え、黒海北岸のヘルソン州、ザポロージャ州を併合し、停戦を呼びかけました。「取るべきものは取ったので、これでおしまい」にしたいのです。

しかし、ウクライナがこれを認める余地はほとんどなく、戦争の長期化は避けられません。しばらくは消耗戦が続くとみられます。それと同時に、ロシアと欧州の緊張関係はさらに高まっていくことでしょう。

なぜ、そういえるかというと、**緩衝国がなくなってしまった**からです。

地政学では、対立する勢力の間にある国や地域のことを、緩衝国・緩衝地帯といいます。緩衝国があることで、対立勢力の直接衝突の可能性が減少するのです。

たとえば、歴史上、ドイツとフランスの間には、オランダとベルギーとがありました。ブラジルとアルゼンチンの間には、ボリビア、パラグアイ、ウルグアイといった国々があり、中国と日本の間にも、南北朝鮮があります。そして、NATO諸国とロシアとの間には、ベラルーシとウクライナがありました。こうした緩衝国の存在によって、緊張が緩和されてきたのです。

緩衝国は、対立勢力に対して中立であることが望ましいわけですが、ロシアのウクライナ侵攻後、欧州から中立国がほぼなくなってしまいました。

ロシアがウクライナに侵攻すると、ベラルーシの独裁者ルカシェンコはロシア軍に協力しました。ウクライナが敗北して親露政権が復活すれば、NATO加盟国のポーランドやルーマニア国境での緊張が高まります。

ソ連崩壊時に独立したバルト三国（エストニア、ラトビア、リトアニア）は、ロシアによる再併合を恐れてNATOに加盟しました。

フィンランドも、ロシアと国境を接する隣国です。バルト三国とともに歴史上、ロシアの侵略を受けてきました。大国ロシアを刺激しないように、フィンランドは中立を選択し、NATO加盟を見送ってきました。そのフィンランドが、ウクライナ戦争を見て中立政策の限界を悟り、スウェーデンとともにNATO加盟を申請したのです。加盟が認められると、ロシア国境に米軍が展開する可能性も出てきます。

フィンランドは、第二次世界大戦の最中、ソ連と交戦状態になりました。ソ連のフィンランド侵攻で始まるソ連・フィンランド戦争、いわゆる「冬戦争」です。

侵攻前、スターリンはフィンランドに対して、工業地帯のカレリア地方の割譲、フィンランド領内のソ連軍基地の設置などを要求し、それをフィンランドが断ったため、武力侵攻に至った、という経緯があります。

当時のフィンランドは、1917年のロシア革命でようやく独立して、まだ間もない時期。ソ連の要求は、到底受け入れることができない内容ばかりでした。それを、戦争になることもいとわずに拒否し、徹底抗戦を続けた結果、領土は失ったものの独立を守ることに成功したのです。

当時のフィンランドの人口はたったの370万人です。対するソ連は1億7000万人。軍事力には圧倒的な差がありました。その差は、現在のロシアとウクライナの差以上といっていいでしょう。それにもかかわらず、フィンランドは戦うことを選択し、独立を維持したのです。そうした経緯から、フィンランドは今でも徴兵制を採用しています。

戦争の悲惨さについて身をもって知っており、中立を守ってきたフィンランドが、一転してNATOに加盟したことは、彼らの危機感の表れです。

また驚いたことに、スイスもロシアへの金融制裁に加わりました。

スイスは、ナポレオン戦争後の1815年に永世中立国を宣言しました。「中立」とは、どこの国とも同盟しない、自国の安全は自国軍で守る、という意味です。第二次世界大戦中、領空を侵犯するものはドイツ軍であろうと米軍であろうと攻撃すると宣言するほどの、筋金入りの中立国がスイスです。そのスイスが、国連が決議したロシアに対する金融制裁に参加したのです。

スイスにはロシアの権力者や富裕層の銀行口座が多数存在すると見られ、金融制裁への参加は大きな効果があるはずです。欧州から中立国が消えてしまったことで、軍事的な緊張はいちだんと高まったといえます。

Q6．プーチンの「戦争犯罪」はどこまで裁けるのか？

ウクライナとロシアの戦争状態が長引き、ウクライナの被害が大きくなるにつれ、いったん降伏をして、ロシアの戦争犯罪を国連や国際司法裁判所などで裁けばいいのではないか、という意見もよく聞きます。

しかし、これは国連や国際司法裁判所の仕組みがわかっていない人の考えです。

まず、ロシアのウクライナ侵攻は、間違いなく国連憲章に違反しています。

国連では、行ってもいい戦争というものを次のように定義しています。

一つは、自国が攻め込まれた場合の応戦です。正当防衛として認められています。

もう一つは、国連の安全保障理事会が武力制裁を認めた場合です。ウクライナ侵攻はどちらにも該当しないので、明白な国連憲章違反です。

では、国連でロシアを〝裁く〟ことはできるのでしょうか。

これまで、国連総会ではロシアに対するさまざまな決議を採択しています。たとえば、ロシアによる東部・南部4州の一方的な併合を違法とする非難決議案や、ロシアにウクライナ侵攻の賠償責任を認める決議などが賛成多数で採択されています。

しかし、どの決議にも法的な拘束力はありません。要は「言ってみただけ」であり、決議の前と後で、実質的に何も変わっていないのです。

唯一の方法は、国連安全保障理事会がロシアを「侵略国」と認定し、武力制裁決議をすることです。1990年にイラクがクウェートに侵攻したとき、安保理はイラク制裁決議を可決し、米軍を主力とする多国籍軍がイラクをクウェートから排除しました。

しかし、これはロシアに適用できません。国連安保理事会では、定席のメンバーである「常任理事国」——米・英・仏・露・中が特権を持ちます。五大国の1か国でも拒否権を発動すれば、決議は通らないのです。

開戦当初、ウクライナは安保理決議の開催と対ロシア武力制裁を求めました。安保理が開かれたものの、ロシアの拒否権発動でただちに散会になりました。

これは、安全保障理事会のメンバーが、国連憲章に明確に違反している武力行使を行っても、国連は実効力のある手立てを何も打てないことを意味しています。中国がこの拒否権を持っていることは、日本の安全保障にとって重大です。

では、国際司法裁判所はどうでしょうか。

ロシアはウクライナ侵攻で、多数の民間人への攻撃を行い、すでにかなりの犠牲者が出ています。国際法上、民間人への攻撃は戦争犯罪です。

ただし、国連の司法機関である国際司法裁判所（通称ＩＣＪ）は、国家間の紛争を裁くところであり、個人を裁くことはできません。つまり、プーチンの戦争犯罪が明白だったとしても、国際司法裁判所では裁けないのです。

また国家間の紛争に関しては、訴えられた側の当事国の同意が必要になります。同意しなければ、いつまでも裁判が開かれることはありません。

日本は、ロシアとの北方領土問題、韓国との竹島の問題解決のため、国際司法裁判所に訴えていますが、両国とも同意していないので裁判は始まっていません。これとまったく同じ構図になります。

したがって、**国際司法裁判所は、ロシアの戦争犯罪を裁くことはできない**のです。

ほかに、個人の戦争犯罪を裁く場として、国際刑事裁判所（ＩＣＣ）があります。こちらは、２００３年に国際司法裁判所と同じくオランダのハーグに設置されました。

２０２３年3月17日、ＩＣＣはプーチンに逮捕状を出しましたが、誰がそれを執行するのか？

侵略戦争やジェノサイドを起こした国家指導者を逮捕するには、その国の警察機構に依頼するしかありません。はたして、ロシアの警察機構がロシア大統領を逮捕できるでしょうか。これまで、ＩＣＣが国家元首に対して逮捕状を実際に発行し、逮捕に至った事例も何件かあるにはあります。たとえば、ユーゴスラビア、スーダンなど、内戦やクーデターによる政権崩壊後に新政権が前大統領を逮捕したケースです。

しいていうならば、プーチン政権が倒れ、ロシア新政権がプーチンの裁判に同意する事態になれば、裁くことは可能でしょう。現状では、その可能性は極めて低く、遠い先のことだといわざるを得ません。

また、国際刑事裁判所の国際条約に加盟しているのは、国連安保理常任理事国5か国のうち英仏のみで、米国、ロシア、中国は未加盟です。

しかも、告発は安保理決議に基づき、安保理が捜査を停止させる権限を持っていることを考えれば、現状、プーチンを裁くことはあり得ません。

国連が、平和を守ってくれるというのは幻想です。これが世界の現実なのです。

Q7．ウクライナ戦争で、北方領土返還の可能性は高まったのか？

ロシアのウクライナ侵攻は1年を超え、各国は出口を模索し始めました。

プーチンは、当初の戦争目的であった東部ドンバス地方の2州に加え、クリミア半島へのルートにあたる2州も併合し、得るものは得た形です。ウクライナがこれに応じれば今回の戦争は「ロシアの勝利」で終わるのです。もし、ゼレンスキー大統領がこれを受け入れれば、国内で引きずり下ろされるでしょう。アメリカも武器が売れる限りはゼレンスキーに戦争を続けさせたい。そもそもバイデン政権の最終目標はプーチン政権の崩壊なので、長期戦に持ち込んでロシアを疲弊させる作戦でしょう。

ロシアの地政学的弱点は、広すぎる国土です。ミサイルが飛び交う時代になっても、陸軍部隊による占領ができなければ、戦争目的を達成することはできません。ロシア軍は、西と東とで同時に戦争はできないのです。それを熟知していたスターリンは、ドイツとの戦争中は日本と中立条約を結び、ドイツが敗北するとヨーロッパ戦線から兵力を引き抜いて極東へ移動させ、日ソ中立条約を破って満洲・樺太・千島列島に侵攻させたのです。

スターリンは北海道の北半分まで要求していたのですが、樋口季一郎《ひぐちきいちろう》中将が率いる日本陸軍が千島列島で徹底抗戦しました。特に最北端のシュムシュ（占守）島の戦いで大損害を受けたソ連軍は、北海道に侵攻した場合の損失を考えて、これを断念したのです。

千島列島（ロシア名クリル諸島）は、ウルップ島以北の北千島と、択捉《えとろふ》島以南の南千島（いわゆる北方四島）に分けられます。北方四島の面積の大半は、いずれも沖縄本島より大きい択捉島と国後《くなしり》島が占め、残りは色丹《しこたん》島、歯舞《はぼまい》群島で構成されています。北海道の納沙布《のさっぷ》岬から歯舞群島の貝殻島までの最短距離はわずか3・7㎞です。

北方四島は、19世紀にここを治めていたアイヌの首長が、ロシア人の侵入からの保護を求めて江戸幕府の支配を受け入れたことから日本の領土となり、幕末に結んだ日露和親条約でロシアも日本領と認めました。日本政府が「固有の領土」と言っているのは、一度もロシアの支配を受けていなかった、という意味です。それを1945年にソ連軍が占領し、ソ連崩壊後もロシア軍が居座っているのです。

「ソ連といまのロシア連邦は別の国だ。スターリンの犯罪にロシアは責任を負わない」と言う人がいます。いまのロシアはソ連とは別の国だ、と言うのなら、ソ連時代の戦争犯罪を謝罪し、スターリンが奪った土地を返還すべきでしょう。国連の安保理常任理事国の地位も、核保有国の地位もソ連からロシア連邦が引き継いだのですから、これも手放すべきでしょう。それができないのなら、ロシア連邦はソ連の継承国家です。

さて、「平和憲法」でがんじがらめにされ、核兵器も持たない日本政府の現実的アプローチは、ロシアの主権はそのままにして、「施政権」を日本に帰属させるというやり方です。米軍占領下の沖縄が、日本の主権を認めつつアメリカが施政権を握っていました。具体的には、北方四島の住民に対する行政サービスや治安の維持などを日本が担当するわけです。

日本政府は、沖縄とは逆の立場で北方領土の施政権を渡すようにロシア政府に申し入れました。しかしプーチン大統領は、ロシアが主権と施政権を持つとし、日本の要求をまったく聞き入れなかったのです。

２０１６年12月、安倍首相は、「日露両国の特別な制度の下での共同経済活動」という新しい提案をプーチンにします。これはロシアと日本が共同で施政権を持つ、という提案です。なんとかロシアの政策変更を促そうとする苦肉の案でした。

北方四島は、漁業以外に目ぼしい産業もなく、人口減少が続きました。経済的なメリットが見出せなかったのです。日本は、そこへ公共投資とセットで共同施政権の提案をしたのです。この日本側の共同経済活動という提案には、プーチン大統領も乗り気の姿勢を見せ、その後の日露首脳会談で何度も議論されたものの、安倍政権退陣によって交渉は頓挫し、さらにウクライナ侵攻が始まってしまったことから、白紙状態に戻ってしまいました。

また北方四島を管轄しているサハリン州の財政も急激に悪化しています。

サハリン州は、サハリン島の石油天然ガス開発プロジェクトである「サハリン1」「サハリン2」に州予算の多くを依存してきました。サハリン2は、外資主導で開発計画が立てられ、英蘭のシェル石油が55％、三井物産が25％、三菱商事が20％の株式を所有していました。ところが、2006年、ロシア天然資源省は「環境破壊」を口実に突然認可を取り消し、ロシア国営のガスプロムが株式の50％＋1株を所有することを条件に、再認可しました。

ウクライナ戦争に対する経済制裁によって、ロシア産の石油・天然ガスの生産は減産を余儀なくされ、サハリン1から米エクソン社が撤退、サハリン州の財政を直撃してしまいました。

2022年7月、プーチン大統領はサハリン2を新会社に移行させ、これまで出資している外国企業の資産を事実上接収できる大統領令に署名しました。これを受けて英シェルが撤退し、22%ずつ出資している三井物産と三菱商事は損切りするか、ロシアに有利な新契約を結ぶかの選択を迫られています。

安倍首相とプーチン大統領は、首脳会談を27回も重ね、信頼関係を築いてきました。それにもかかわらず、プーチンが領土返還交渉を進めなかったのは、北方四島の地政学的意味を熟知しているからです。

日本海に面したウラジオストク港を出たロシア艦艇は、北海道最北端の宗谷海峡を抜けてオホーツク海に入ります。その前面を塞ぐように千島列島が点々と並んでいますが、ここから北太平洋へ抜ける一番重要な海峡は、択捉島と国後島の間の国後水道なのです。

ロシア海軍が恐れるのは、北方四島を日本に返還したとたんに、日米安保条約によってここに米軍基地が建設され、国後水道が封鎖されることです。

こうした事情から、プーチンは北方四島に米軍基地を置かせないことを確約せよ、と迫ったはずです。

しかし安倍首相は、アメリカとの関係悪化を恐れて確約できなかった。だから、こう着状態に陥ってしまったのです。

日本には自主防衛を促し、安倍・プーチンの双方と良好関係だったトランプ政権時代が、北方四島返還の最後のチャンスだったのかもしれません。

プーチンへの敵意をむき出しにするバイデン政権が発足し、安倍首相が退陣したことで、すべては振り出しに戻りました。

岸田首相にその気があれば、プーチンとのパイプがある元首相として安倍氏を特使の形でロシアに派遣し、ウクライナとの仲介もできたはずですが、岸田首相はアメリカの意を受けて早々と対ロシア経済制裁に参加し、そして安倍元首相は凶弾に倒れました。

長い国境を接するランドパワー同士のロシアと中国は、地政学的には潜在的な敵国であり、両国を離間させることは日本の安全保障にとって極めて重要でした。それが、**日本が経済制裁に参加したことで、プーチンは習近平《しゅうきんぺい》の側に追いやられてしまった**のです。

２０２３年1月、プーチンはサハリンの天然ガスを中国に提供する協定に調印しました。今後、中国企業がサハリンのガス事業に参入するでしょうし、北方四島の開発にも手を伸ばしていくことでしょう。

今後は、北方領土問題も日中間の紛争になる恐れがあります。

岸田政権の定見のない対米追従外交が、このような結果を招いたのです。

第2章

「米中新冷戦」で変わる国際秩序

Q8. アメリカが過去最大の防衛費を計上した背景とは?

ロシアのウクライナ侵攻以降、ロシアに並ぶ軍事大国である中華人民共和国が、台湾へ軍事侵攻する可能性が現実味を持って語られるようになりました。

中国の軍事的台頭によって、覇権国家の地位が脅かされている米国は、あからさまな対抗措置を矢継ぎ早に繰り出しています。

その一つが、2022年12月23日に成立した、アメリカの2023会計年度の「国防権限法」です。国防権限法とは、アメリカの国防予算の大枠を決める法律です。

成立した国防関連予算の総額は8580億ドル(約114兆円)にものぼる巨額なもので、前年度から10%増えて過去最大になりました。同年の日本の防衛費は5兆円です。

総額だけでなく、中身についても従来とは異なる予算が組み込まれました。台湾の防衛能力を向上させるために、今後5年間で最大100億ドル(約1兆3300億円)の軍需品を台湾に供与するほか、インド太平洋地域における米軍を増強することを目的とした基金に、115億ドル(約1兆5300億円)を拠出するというものです。

いずれも、中国の軍拡に対抗するための予算といえるでしょう。5年間とはいえ総額1

００億ドルの軍事支援なので、当然、台湾への兵器供与が行われるとみられます。こうした軍事面での直接的な支援は、１９７９年にアメリカと台湾が国交を断絶してからは初めてのことです。

詳しくは後述しますが、東アジア最大のランドパワーである中国は、鄧小平《とうしょうへい》時代からシーパワー化を目指してインド洋、西太平洋地域の海上覇権を狙ってきています。この地域の制海権を握ってきたアメリカは、それを黙って見ているわけにはいきません。

前年度（２０２２会計年度）の国防権限法案では、米海軍主催の「環太平洋合同演習（リムパック）」への台湾の招待をバイデン政権に促すことが盛り込まれていました。もし、台湾がリムパックに参加すれば、米台断交後ではやはり初めてのことになるはずでした。しかし実際には、習近平政権が強く反発したため、バイデン政権は台湾招待を見送りました。中国に弱いバイデン政権を象徴するような出来事でした。

ところが、同じバイデン政権が２０２３年度国防権限法では、いきなり金額まで明示しての台湾軍事支援に踏み切ったのです。

当然、中国はこの「裏切り」に猛反発をしました。法案が成立した翌日、中国軍は無人機（ドローン）を含む空軍機71機を、台湾の防空識別圏（ＡＤＩＺ）に送り込んだのです。

台湾メディアによると、中国軍機の侵入としては過去最多ということです。

このように、**バイデン政権の対中防衛政策は、この1年で激変しました。これは、トランプ政権期に顕在化した、米中関係の根本的変質を反映したもの**といえるでしょう。

Q9.「米中新冷戦」はいつから始まったのか？

天安門事件（1989年）における学生市民の弾圧で国際的な信用を失墜し、経済制裁を受けた中国共産党政権は、国内での締め付けを続けつつ、市場開放と外資優遇をアピールして対外的イメージの回復に努めてきました。江沢民《こうたくみん》時代（1989～2003年）と胡《こ》錦濤《きんとう》の時代（2003～2013年）です。

ところが習近平政権（2013年～）は、「衣の下のよろい」を見せつけるようになりました。このような中国の変質を、国際社会が強く認識したのが「香港国家安全維持法」でした。

香港国家安全維持法とは、中国政府がイギリスとの協定で認めてきた「香港の自由」を奪い、北京政府が事実上、直接統治する法律です。中国共産党に対する批判はもちろん、香港独立や自由を求める運動を「国家の分裂や破壊を目的にした行為」とみなし、すべて違法とする法律です。2020年6月30日、香港のイギリスからの返還記念日（7月1日）の前日に施行されました。

シーパワー大国イギリスは、清国を侵略したアヘン戦争の結果、香港を植民地として統治下に置きました。その後、日本軍占領時代（1941年12月〜1945年8月）を除き、約160年という長期間にわたって香港を統治し、上海と並ぶ東アジア経営の拠点にしてきました。

1949年、毛沢東の中国共産党が国民党との内戦に勝利して中華人民共和国を樹立し、イギリスに国家承認を求めました。当時のイギリスは第二次世界大戦直後で疲弊し切っており、インド・パキスタンの独立など植民地帝国の崩壊が起こっていました。

そこでイギリスのアトリー労働党政権は、英領香港の維持を条件に、中華人民共和国を承認し、台湾（国民党政権）と断交しました（1950年）。つまり、台湾を見捨ててでも英領香港を維持したかったのです。

イギリスは労働党の長期政権のもとで経済が発展せず、「イギリス病」といわれました。そこで、保守党の女性首相マーガレット・サッチャー（任1979〜1990年）が登場し、新自由主義的経済発展へと舵を切りました。

この頃、中国でも鄧小平が社会主義政策を緩めて外資を導入する「改革開放」政策に転じており、イギリスは中国市場への投資に前のめりになりました。このとき、鄧小平が「中国市場に投資したかったら、香港返還を」と迫ったのです。

アヘン戦争の国辱を晴らしたい鄧小平と、中国市場を確保したいサッチャーとの利害が一致した結果、1984年の香港返還協定（正式には「香港問題に関する英中共同声明」）が結ばれ、サッチャー首相と趙紫陽首相がサインしました。

内容は、次の通りです。
・イギリスは1997年6月に香港を中国に返還する。
・香港は中国の「特別行政区」として完全な自治を認められる。
・返還後50年間（2047年まで）、中国は一党独裁を適用せず、香港の自由を保証する。
この最後の項目を「一国二制度」といいます。中国と香港は「一国」だが、中国本土における独裁と、香港の自由主義という「二制度」の共存を認める、という意味です。

中国は、香港返還協定という国際協定で、2047年までは香港の自由を保証すると公約したのです。両国が署名した合意文書は国連に登録されています。

江沢民、胡錦濤まで守ってきた「一国二制度」は、中国共産党にも大きな利益をもたらしました。西側諸国からの対中投資を促す効果のほか、共産党幹部の資金運用に香港のイギリス系金融資本が使われました。その半面、本土から多数の中国人が観光やビジネスで香港を訪れ、「香港の自由」を満喫することは、共産党独裁体制を揺るがす危険がありました。

つまり「一国二制度」は、共産党の指導と矛盾する。共産党の指導という「名」を取るか、外資導入という「実利」を取るか。習近平は、実利より名を取ったのです。香港国家安全維持法は、事実上、中国共産党が直接、香港をコントロールする「一国一制度」にほかなりません。それは国際公約の一方的な破棄であり、国際法違反です。当事国であるイギリスは、正面からメンツを潰されたわけですから激しく抗議しました。

そして、イギリスと同じく、あるいはそれ以上の強硬な姿勢をとったのが、アメリカです。

香港国家安全維持法の施行直前の6月25日、米議会は「香港自治法案」を成立させたのです。法案は共和党・民主党の超党派で、圧倒的多数で可決されました。

これは、香港の自治の侵害に関わった中国や香港の当局者および組織、または海外の金融機関に対して制裁するというもの。制裁の対象になると、米ドルの取引を禁止することもできます。もし、中国の大手銀行が制裁対象となれば、その影響は計り知れません。世界的な金融危機すら危ぶまれます。アメリカの本気度が伝わってくる法案です。

さらに重要なポイントは、この香港自治法案は、米議会の超党派による議員グループが提出したことです。共和党、民主党の違いを超えて、全会一致で上院が可決しました。可決した法案に、時の共和党大統領ドナルド・トランプが署名して成立に至ります。

トランプ大統領は、就任当初から中国に対して強硬姿勢を貫いていました。そして、2020年といえば、新型コロナウイルスの世界的大流行（パンデミック）が発生した年です。トランプ大統領は、早くから、コロナウイルスの武漢での発生について中国政府が隠蔽してきたと糾弾していました。WHO（世界保健機関）のテドロス事務局長も隠蔽に加担しているとも非難し、WHOからアメリカを脱退させました。テドロス氏は、中国から莫大な支援を受けているエチオピアの出身です。

アメリカ国内の大手メディアの多くは、そうしたトランプの数々の発言を〝陰謀論〟だと報道し、WHO脱退に対して強く批判しました。

ところが、香港自治法案は、米議会が一致団結して成立させたものなので、アメリカ全体の意志といえます。

また、これに先立って、「ウイグル人権法案」も米議会が提案し、トランプが署名して成立しています。ウイグル人権法案とは、中国の新疆ウイグル自治区において、イスラム教徒の少数民族であるウイグル人への不当な拘束などの人権侵害に関与した中国当局者に制裁を科すというものです。

それに対して、中国政府は「内政干渉だ」という声明を出し、報復の構えをみせました。この頃から、米中対立の緊張の度合いが強まり、「米中新冷戦」という構図が浮き彫りになったといえます。

Q10.「米中新冷戦」が、2018年に始まっていた理由とは？

2020年から世界が大きく変わったのは紛れもない事実です。コロナウイルスのパンデミックが直接的な要因ですが、それ以前から起こっていた変化を、コロナ禍が加速あるいは拡大したというほうが、実態に即しているでしょう。

私は、**米中新冷戦は、アメリカの〝宣戦布告〟によって始まった**とみています。

その宣戦布告は、2018年10月4日に行われました。

この日、当時の副大統領だったマイク・ペンスは、米保守系シンクタンクであるハドソン研究所で演説を行いました。その内容を端的にいうと、1972年のニクソン訪中でスタートした「米中蜜月時代」は終わり、「米中新冷戦」が始まったことの宣言です。演説のタイトルは、**「中国は米国の民主主義に介入している」**です。

最も重要な部分は、タイトルにあるように、中国はアメリカの民主主義を妨害し、影響を与えて利益を得ようとしている点です。中国政府と中国企業が一体となって、アメリカの政治・経済といった分野で、意図を持った宣伝戦略（プロパガンダ）を展開していることについて、実例を挙げて糾弾しています。

2018年のアメリカ中間選挙や、2020年のアメリカ大統領選挙に向けて、共和党およびトランプ大統領に不利になるような世論操作が行われており、新聞にはニュースに見せかけた広告が掲載され、そのスポンサーが中国政府だった具体例を示しています。

経済では、中国に進出した米企業に対して、国家ぐるみの「強制的な技術移転」や「知的財産の窃盗」が見過ごせなくなったとし、加えて、関税などの貿易障壁や、国有企業への補助金といった不当な政策でアメリカは不利益を被っていると指摘しています。

また、軍事面では、習近平政権の対外的な最重要政策である「一帯一路」を取り上げています。

広域経済圏構想である「一帯一路」は、まず、この構想に参加した途上国に対して、港湾や道路、鉄道といった社会インフラの整備を提案します。途上国は予算がないので、中国が融資することになりますが、返済能力をはるかに超えているので、結局、借金を返すことができません。

インフラ整備を請け負うのは中国企業であり、資材や労働者も中国から来るので、融資された国や地域には還元されません。

そして、ここがポイントですが、**中国は債権国の権利を行使して、整備したインフラを自由に使えるような契約を相手国と結び、軍事拠点化を図る**のです。つまり、**「債務の罠」に嵌める**のです。

ペンスは、演説でスリランカのケースを引き合いに出しました。スリランカで大規模に拡張されたハンバントタ港に出資した中国が、99年間の租借契約をスリランカと結んだのです。将来、同港は中国海軍の海軍基地になる可能性があります。

そしてペンスは、このような中国の拡張主義を放置しておく時代は終わったとし、最後に、トランプ政権は決して妥協せず、中国政府が数々の不正を改めない限り、アメリカ政府が対中関係で譲歩することはない、と断言して結んでいます。

ハドソン研究所は、安全保障分野に強く、おもに共和党に政策提言を行い、実際に採り入れられています。ペンス演説は、民間のシンクタンクで行われたものですが、個人的な考えを述べたものではありません。

演説内容はトランプ政権全体のスタンスであり、共和党を支持している産業界などの団体の総意と受け取るべきです。その証拠に、演説後、新聞各紙は一斉に「新冷戦」の到来を報じたのです。

Q11. なぜ、「ペンス演説」が注目されるのか？

じつは、アメリカはペンス演説のような歴史的演説を、これまでに2回行っています。

1回目は、1937年10月5日、シカゴでフランクリン・D・ローズヴェルト大統領の「隔離演説」です。まもなく第二次世界大戦が勃発するという時期、スペインではドイツ軍が、中国では日本軍が軍事行動を起こしていました。

この演説の中で、ローズヴェルト大統領は、アメリカは戦争に関わらないと決めているが、意に反して戦火の影響を受けてしまう可能性を憂慮する、と述べました。そして戦争を伝染病に例え、自国の安全を確保し、世界平和を維持するためには、伝染病を流行《はや》らそうとしている国を〝隔離〟する必要がある、と軍事介入を示唆したのです。明言はしていませんが、隔離の必要な国はドイツ、イタリア、日本の３か国でした。

アメリカの世論は、欧州やアジアの紛争に関わるべきではないという声が多数派を占めたため、ドイツ、イタリアと交戦している欧州諸国や、日本と交戦している中国に対して、「武器貸与法」による軍事援助に留まっていました。

そして演説から約４年後、日本軍による真珠湾攻撃を受けて、アメリカは第二次世界大戦に直接参戦し、連合国の勝利に貢献することになります。

２回目は、第二次世界大戦の終戦直後の１９４７年３月12日、ハリー・Ｓ・トルーマン大統領が議会で行った特別教書演説です。

その内容は、ギリシアとトルコを「全体主義」の脅威から守るため、軍事および経済援助を米議会に要請するものでした。ここでの「全体主義」とは、ソ連共産党による一党独裁体制を指しています。やはり、国名は明らかにしていませんが、トルーマンが敵国と想定していたのは、東欧諸国を占領中だったスターリン率いるソ連でした。

第二次世界大戦では、ソ連はアメリカの同盟国であり、アメリカの武器貸与法で援助を受けていました。アメリカがスターリンのソ連に軍事面、経済面で膨大な支援を続けた結果、いつのまにかソ連は軍事大国になっていたのです。

その軍事力を背景に、第二次世界大戦後、ドイツから奪還した東ヨーロッパ諸国を、ソ連はそのまま占領し続け、次々と併合ないしは保護国にしていきました。戦勝国となったイギリスやフランスには、それを止める余力は残っていません。

ポーランド、ルーマニア、ブルガリアといった国々を支配下に収め、ソ連の手がギリシアとトルコに迫っていたとき、トルーマンは、演説で欧州を席巻しつつあった「全体主義」の波を食い止めなければ、その影響はいずれ世界に及ぶだろうと訴えたのです。

トルコがソ連の支配下に置かれてしまうと、黒海艦隊の地中海への航路が確保され、地中海沿岸諸国の軍事バランスが崩れる可能性が出てきます。

この共産主義を封じ込める政策、および、それを表明したこの演説は「トルーマン・ドクトリン」と呼ばれています。そして、このときから、アメリカを中心とする自由主義陣営とソ連を中心とする共産主義陣営の対立、「米ソ冷戦」が始まったのです。米ソ冷戦は、

1980年代にアメリカが勝利するまで、約40年間続くことになります。

2018年10月のペンス演説は、以上に続く3回目として捉えることができます。

ローズヴェルトとトルーマンは、想定している敵国をねじ伏せました。

しかし、トランプ政権が発動した「米中冷戦」の行方は、バイデン政権の成立で不透明になっています。

Q12. 中国の何がアメリカの脅威になっているのか?

世界の主導権を握る「覇権国家」は、スペイン→オランダ→イギリス→アメリカ、と交代してきました。

世界史上の大戦争は、既存の覇権国家が、自らの地位を脅かす〝チャレンジャー〟と衝突する、というのがその主たる原因でした。

20世紀前半に起きた2つの世界大戦を通じて、覇権国家イギリスが疲弊した結果、アメリカはイギリスを助けることにより、新たな覇権国家の地位を手に入れました。

上記の3つの演説は、いずれも覇権国家アメリカの地位を脅かすチャレンジャーが台頭してきたタイミングで行われています。

1回目のチャレンジャーはドイツ、イタリア、日本の3か国です。

そして、2回目はソ連、そして3回目が中国です。

ペンス演説では、中国がアメリカの民主主義に妨害工作をしたり、経済的な損失を与えたり、「一帯一路」構想で軍事的な存在感を強めている、といったことを非難しました。

まとめて言うならば、**アメリカの安全保障にとって中国は無視できない脅威として映っている**、ということでしょう。

習近平が、中国共産党の総書記に就任したのは、2012年11月の党中央委員会です。これは、中国共産党の党人事を決める重要な会議です。

翌2013年3月の全人代の開幕式では、国家主席としての就任演説を行い、「中国の夢」というスローガンを打ち出しました。「中華民族の偉大なる復興という中国の夢を実現するために努力しなければならない」と述べたのです。

以後、習近平は折に触れて「中国の夢」を語り、具体的な目標が明らかになってきます。それが「**一帯一路**」というわけです。

中国からユーラシア大陸を経由して欧州に到達する陸路（一帯）を「21世紀のシルクロ

ード」とし、中国沿岸部から南シナ海、インド洋を経て、地中海、アフリカ東岸を結ぶ海路（一路）を「21世紀海上シルクロード」として集中的に投資することを目的としています。

「中華民族の偉大なる復興」という明確なナショナリズムを掲げ、この目標を達成するため、「一帯一路」を世界に広げる――。これは覇権主義そのものです。

また、2015年5月には、「中国製造2025」を表明しました。製造業の高度化を目指した産業政策で、中華人民共和国の建国100周年となる2049年までに、「世界の製造強国の先頭グループ入り」を目標としました。重点分野としては、次世代通信技術、ロボット、航空・宇宙設備、ハイテク船舶など、10項目を掲げています。

この**「中国製造2025」に対して、アメリカは危機感をあらわにしました。特に「5G」に代表される次世代通信技術には神経を尖らせています。通信技術の優位性は、国家の安全保障の生死を左右する**からです。

19世紀後半、宰相ビスマルク率いるプロイセン軍はドイツを統一しました。その大きな勝因になったのは、通信手段として電信を実用化したことです。第二次世界大戦では、アメリカ軍はレーダーを実用化して日本軍を圧倒しました。米ソ冷戦期にはミサイルの命中制度を高めるためコンピュータとインターネットが発達し、さらに、1990年の湾岸戦争では、軍事衛星を使ってアメリカ軍はイラク軍を一蹴したのです。

このように、通信技術は軍事力に直結するものですが、「中国製造2025」が発表された2015年は、当時の次世代通信規格である「5G」の実用化で、アメリカは中国に後れをとっていました。

しかも、中国が優位を築いた背景には、知的財産の侵害や意図的な技術流出などがあります。加えて、中国政府による関連産業への不公平な補助金といった問題もありました。

トランプ政権は米中貿易協議の場で、中国に諸問題の見直しを迫りましたが、肝心な部分について中国はまったく応じませんでした。それが、後述する「米中貿易戦争」に発展し、2018年のペンス演説につながるのです。

Q13．なぜ、アメリカはシーパワー国家となったのか？

「はじめに」で解説したマッキンダーは、**「人類の歴史はランドパワーとシーパワーの闘争の歴史である」**と述べています。「米中新冷戦」も、その構図で捉えることができます。

「ランドパワーの中国」vs「シーパワーのアメリカ」です。

広大な領土を持つ中国は、ロシアとともに典型的なランドパワー国家ですが、アメリカをシーパワーとすることに、違和感を覚える人がいるかもしれません。

アメリカはそもそも、イギリス国教会に迫害されたプロテスタントの一派、ピューリタン（清教徒）の政治難民と、土地や仕事を求めて来た経済難民がつくり上げた国です。

キリスト教の理想国家の実現を目指すピューリタンの思想は、異教徒のアメリカ先住民や、カトリック教国メキシコとの戦争を正当化しました。その後もアメリカは、「正義」を掲げて敵を求め、戦争を繰り返す国になりました。

また政府の支援を期待せず荒地を開拓して生きる糧を得る農民たちには、「開拓者精神／フロンティア・スピリット」が生まれました。この開拓者精神は、自助努力、自主独立、個人の自由を最大の価値とするアメリカ人の国民性を形づくりました。この精神を体現しているのが共和党です。

1848年、メキシコとの戦争に勝利したアメリカは、西海岸のカリフォルニアを併合しました。南北戦争後には大陸横断鉄道が開通し、1890年、最後の先住民の抵抗を制圧し、ここに未開拓地（フロンティア）が消滅します。アメリカが、本格的なシーパワー国家になるのは、カリフォルニアの併合以後です。

19世紀後半のアメリカは西部開拓で好況が続き、国内マーケットが飽和状態になりつつありました。またゴールドラッシュに沸くカリフォルニアを、カナダのイギリス軍や太平洋に進出を始めたロシア軍から防衛する必要性に迫られていました。

海軍大学の教官で地政学者のマハンは、「今後のアメリカは海軍を増強し、海洋進出をすべきである」と主張しました。欧州の列強から国を守りつつ、国力を増大させていくためには、シーパワー化が不可欠であると唱えたのです。

この提言を受け入れたのが、共和党の2人の大統領、マッキンリーとセオドア・ローズヴェルトでした。**マハンの意見に従い、パナマ運河の建設、ハワイ、フィリピンの併合と軍事基地の建設などを行い、アメリカのシーパワー化を着々と進めていった**のです。

西海岸の広大な海岸線の外側には、太平洋が広がっています。そこには、海洋進出を妨げる国は存在しません。西海岸を手に入れたアメリカのシーパワー化は、必然だったといえるでしょう。

マハンは、「歴史上、海を制してきた国は世界の覇権を握ってきた」とも述べています。

アメリカは、その通り覇権国家となり、これを脅かした大日本帝国を粉砕して日本列島まで占領しました。

そして現在、アメリカは中華人民共和国のチャレンジを受けているのです。

第3章

これから、「米国の外交政策」はこう変わる！

Q14. なぜ、バイデン政権の対中政策は「迷走している」のか?

バイデン政権の外交政策は、対ロシアでも対中国でも迷走しており、その状況はバイデン大統領の発言からもうかがえます。

1972年のニクソン訪中を機に、アメリカは「台湾は中国領である」という「一つの中国」論を〝理解し〟、1979年の米中国交樹立に伴い台湾から米軍を撤収させました。日米同盟や米韓同盟とは異なり、台湾との軍事同盟は事実上失効し、台湾有事の際の軍事介入について、**意図的にはっきりさせない「曖昧戦略」をとってきた**のです。

ところがバイデンは、メディアのインタビューや記者会見での質疑応答で、「中国が台湾に軍事侵攻した場合、アメリカは台湾を軍事的に防衛するのか?」と聞かれると、「イエス」と明言しています。直近では、2022年9月中旬の米CBSテレビのインタビューで、同様のやりとりが行われました。

この発言だけを取り上げると、アメリカは台湾政策を再び転換し、中国の台湾への軍事侵攻に対して、台湾防衛のためにアメリカ軍が中国軍と交戦するように聞こえます。

しかし、この発言の直後にはホワイトハウスの報道官など政府高官が、「アメリカは政策変更していない」と、バイデン発言を否定するかのようなコメントを発表したのです。

バイデン大統領の「台湾を中国から守る」という趣旨の発言は、明らかにこれまでの「曖昧戦略」からの逸脱であり、だから政府高官が火消しに奔走したのです。

このパターンが何度も繰り返されているため、バイデン大統領による〝確信犯〟と捉える向きもあります。中国を牽制するための情報戦の一環というわけです。

ただし、それはかなり好意的な見方であり、単純にバイデン政権の中国および台湾に対する外交政策が迷走していることを示している、と捉える人が多いようです。バイデン大統領は言い間違いや失言があまりに多いことから、認知症の進行を示している、と考える人も少なくありません。

第1章で述べたように、ロシアのウクライナ侵攻の可能性が高まっているときに、バイデン大統領は「米軍もNATO軍もウクライナには送らない」と発言し、西側の欧米諸国は軍事侵攻を誘発するかのようなメッセージをロシアに送ってしまいました。

実際にウクライナ戦争が起き、紛争が長引けば長引くほど、ロシアは中国への依存度を高めています。そのため、ロシアは中国に逆らいにくい、という状況が生まれました。

ロシアと中国は、ともにランドパワー大国であり、国境を接していることから基本的には対立関係にあります。ウクライナ戦争の長期化と西側諸国の経済制裁により、中国がロシアに対してかなり優位に立つことになりました。**ウクライナ戦争は、中国に巨大な漁夫の利を与えたことになった**のです。

バイデン政権は、表面的には対立を強調しながら、実質的には中国を利するようなことをしているわけです。

バイデン政権が発足して2年以上経つにもかかわらず、この迷走ぶりはアメリカの安全保障政策に暗い影を落としていることは間違いありません。

Q15. アメリカが「世界の警察官」になった背景とは?

アメリカの外交政策の根幹には、対立矛盾する2つのイデオロギーがあります。それが、「モンロー主義」と「ウィルソン主義」です。

アメリカ大陸は、欧州とは大西洋で隔てられ、北のイギリス領カナダとは森林地帯が緩衝地帯になっており、政治的な混乱が続く南のメキシコから侵略される恐れはほとんどありません。そのため、アメリカは西部の先住民を征服することに集中できたのです。

西部開拓に専念するため、欧州諸国のゴタゴタには関わりたくない、という「孤立主義」の思想はここから生まれます。

第5代モンロー大統領は、1823年の議会演説で、欧州との相互不干渉を訴えました。これが有名になったため、孤立政策は「モンロー主義」とも呼ばれています。西部開拓民の子孫である中西部の「草の根／グラスルーツ」のアメリカ国民がこれを支持し、キリスト教と結びついてアメリカの保守思想を形成しました。いまでも共和党の支持率が高いのは、カリフォルニアを除く中西部の諸州です。

一方、アメリカ経済が活況を極め、ニューヨーク・ウォール街ではモルガン銀行、シティなどの金融資本（巨大銀行）が急成長しました。1890年のフロンティア消滅で国内市場の拡大が限界に達すると、彼らは海外投資に目を向けます。当時、アフリカや中東、インドと東南アジアはイギリスとフランスの草刈り場となっており、残されたマーケットは中国だけでした。彼らは孤立主義から転換を求めました。アメリカは積極的に海外へ軍隊を送り、イギリスに代わるシーパワー国家となって、海外市場を拡大すべきだ、と考えたのです。

マハンの海上権力論は、この路線にぴったりでした。これに乗ったのが、先述したマッキンリーとセオドア・ローズヴェルトという二人の共和党大統領でした。しかしこの路線は、アメリカ一国主義の「草の根保守」の思想と矛盾します。セオドア・ローズヴェルトは軌道修正し、ウォール街とは距離を置きました。この結果、共和党は分裂し、１９１２年の選挙で民主党のウッドロー・ウィルソンに敗北します。

第28代ウィルソン大統領は、通貨ドルの発行権を握る民間中央銀行としてＦＲＢ（連邦準備制度理事会）を認可し、孤立主義を撤回して第一次世界大戦に参戦します。ＦＲＢの出資者はウォール街であり、大戦で連合国の国債に莫大な投資をしていたのもウォール街でした。

「ウォール街の金儲けのためにアメリカの若者は死ね」とはさすがに言えません。そこでウィルソンは、ドイツの潜水艦による客船への無差別攻撃を理由に、ドイツに宣戦布告したのです。

世界最大の工業国になっていたアメリカの参戦は、連合国を勝利に導きました。そして債務国に転落したイギリスは、アメリカの覇権を認めざるを得なくなったのです。

ウィルソン大統領はパリ講和会議をリードし、国際連盟を設立します。「世界の警察官」という言葉を使って、欧州だけでなく、世界の平和を実現するために積極的に関与することを表明しました。このような国際介入主義を「ウィルソン主義」と呼びます。

これ以降アメリカは、国内および国際情勢の動向によって、一国主義的な「モンロー主義」と国際介入主義の「ウィルソン主義」の間を振り子のように揺れ動きました。

アメリカは共和党・民主党の二大政党制です。共和党のイデオロギーはモンロー主義に近く、民主党はウィルソン主義に近いといえます。ただし共和党政権でも、マッキンリーやセオドア・ローズヴェルト、最近ではブッシュ父子のように介入主義に傾く政権があります。

国際連盟は、ウィルソン大統領が主導して設立したものですが、アメリカの議会上院は共和党が多数を占めていました。合衆国憲法は、外交における拒否権を上院に与えています。

孤立主義の共和党が多数派である議会は、国際連盟規約を含むヴェルサイユ条約を批准せず、国際連盟への加盟も認めませんでした。提案国アメリカが、国際連盟に加盟しなかったのはこれが理由です。

Q16. なぜ、アメリカは日本と戦い、ソ連との冷戦を続けたのか?

1920年代のアメリカは共和党政権が続き、世界への介入をやめていました。ところが1929年に始まる世界恐慌への対応に失敗した共和党政権が倒れ、民主党のフランクリン・ローズヴェルト（FDR）政権が発足します。彼はセオドアの一族ですが、こちらは民主党、国際介入主義です。内政では社会主義統制経済を取り入れ、企業の過当競争と生産過剰にストップをかけ、巨大公共事業による失業対策を行いました。

世界恐慌を脱するため、産業界も金融界も新たな戦争による軍需景気を望んでいました。ドイツや日本が軍事行動を起こしても、草の根のアメリカ人は無関心で、参戦しようという世論の高まりはありませんでした。

日米開戦は日本軍の真珠湾攻撃が直接のきっかけですが、それはアメリカの対日経済制裁、特に石油の全面禁輸と、武器貸与法による中国への軍事援助の結果でした。これらの手段により真綿で首を絞めるように日本を対米開戦に誘導したのは、FDR政権です。

第二次世界大戦も、アメリカの参戦により連合国側が勝利しました。FDRはソ連のスターリン、イギリスのチャーチルと談合し、国際連合（国連）を創設しました。国連の最高決定機関は武力制裁権を持つ安保理事会で、戦勝五大国（米・ソ・英・仏・中華民国）が拒否権を握りました。この五大国が一致すれば、「侵略国」を制裁できる仕組みです。

こうしてウィルソンが夢見た「世界の警察官」を、ＦＤＲが実現しました。

ところがソ連のスターリンがドイツから奪った東欧諸国に駐留を続け、共産主義の拡大を図ったことから、トルーマンはソ連と絶縁します。中国では内戦が起こり、毛沢東の共産党が政権を取ってソ連側についたことは、「中国市場の開放」のために日本と戦ったアメリカにとって、中国市場をソ連に奪われることを意味しました。しかもソ連がアメリカの後を追って核武装に成功したため、米ソ戦争は全面核戦争になる恐れが出てきました。

このためアメリカはソ連との直接対決を避け、経済制裁でゆっくり締め上げつつ、局地戦で親ソ政権を排除するという戦略を取りました。これが、「米ソ冷戦」です。

朝鮮戦争は引き分けに終わり、ベトナム戦争ではアメリカが敗退しました。中ソを同時に封じ込めることは、もはや不可能でした。

そこでアメリカは、地政学的には対立している中ソの分断を図り、「ソ連包囲網」に中国を参加させるという外交方針の大転換に踏み切ります。１９７２年、リチャード・ニクソン米大統領の訪中という劇的なニュースが報じられ、世界を驚かせました。

これ以後、中国にはアメリカ資本が投じられて「改革開放」が進み、ウォール街は念願の中国市場を手に入れました。

一方、アメリカ資本を拒絶したソ連は経済が破綻し、ついには崩壊したのです。

Q17．なぜ、民主党はグローバリズムを推進したのか？

米ソ冷戦に勝利したアメリカは、経済的に日本やドイツの台頭を許して経常赤字が膨らみ、また、冷戦末期の軍事費増大による財政赤字を抱え（「双子の赤字」）、疲弊していました。

1992年の大統領選挙では、景気回復と財政再建に焦点を当てた民主党のビル・クリントンが、湾岸戦争に勝った現職大統領ジョージ・ブッシュ（父）を破って当選したのです。

クリントン政権でますます存在感を増したのは、国務省と国際金融資本です。そもそも、ウィルソン大統領以降の民主党は、国際金融資本と密接な関係を維持してきましたが、クリントン政権では、ウォール街を代表する金融資本であるゴールドマン・サックス

（ＧＳ）のトップだったロバート・ルービンが財務長官に就任しました。これ以後、財務長官のポストは、ＧＳの「指定席」になります。

国務省と国際金融資本が推進したのが、グローバリズムです。国境を超えて、地球全体を一つの共同体とみなす考え方で、「汎地球主義」とも呼ばれます。

グローバリズムの中心は、資本主義的な市場経済を世界的規模で拡大するという、「経済のグローバル化」にありました。具体的には、旧ソ連下にあった東欧諸国、中南米、アフリカ、中国を含む東アジアといった、市場経済が浸透していない国々をグローバル経済に組み込むことが狙いです。

こうした〝フロンティア〟を市場経済に取り込めば、国際金融資本やアメリカの多国籍企業はビジネスを拡大することができ、大きな恩恵があると考えたのです。

特に、中国は魅力的に映りました。豊富かつ安価な労働力があり、広大な土地と工業製品に欠かせない資源にも恵まれていたからです。しかも、世界最大の人口は、ゆくゆくはマーケットとしても期待できます。

このようにして、クリントン政権時代に、かつてないほどの親中政策が採られることになりました。天安門事件（１９８９年）で西側諸国から経済制裁を受けていた中国を、東アジア初の歴訪先に選んだのがクリントンでした。

そして、ブッシュ（子）政権、バラク・オバマ政権まで、この親中政策は継続されることになるのです。

Q18. なぜ、トランプは「アメリカ第一主義《ファースト》」を掲げたのか？

クリントンが2期を務めた後、共和党のジョージ・ブッシュ（子）が大統領に就任します。共和党政権になっても、アメリカの対中政策に大きな変化は見られませんでした。その理由は、ブッシュ政権では中東問題が最優先課題になったからです。

2001年9月11日、アメリカで史上最悪の同時多発テロ事件が発生しました。ブッシュ政権は犯行グループをイスラム過激派の国際テロ組織「アルカイダ」と断定し、その壊滅を図るために、アフガニスタンへ武力行使します。さらに2003年3月には、「イラクのサダム・フセイン政権が大量破壊兵器を所有し、アルカイダとつながっている」ということを名目にイラクに侵攻しました。いずれも国連安保理の決議なしに、米英だけで起こした戦争です。

この2つの大規模な軍事作戦はどちらも早期に終了したものの、現地でのゲリラ戦は長期間にわたって続き、米軍を疲弊させせました。兵力集中のため、中国とのいざこざは抑制したいという思惑がありました。

そしてブッシュ政権末期の２００８年9月に起きた世界的な金融危機である「リーマンショック」によって、世界経済は冷え込みました。中国は、このリーマンショック直後に、当時のレートで約57兆円という巨額の景気対策を打ち出し、世界経済の立て直しに寄与しました。アメリカだけでなく、主要国は中国の景気対策の恩恵に預かろうとしたのです。

不景気になると、福祉を掲げる民主党が躍進します。２００８年選挙で当選した黒人初のオバマ政権は、政権発足当初から中国との協調路線を明確にし、「G２」（米中二極体制）の到来といったことまで言及されました。

このオバマ政権では重大な政策変更がなされています。大統領就任前より、アメリカ軍のイラクからの撤退などを主張し、実際に２０１１年12月には完全撤収し、イラク戦争を終結させました。2期目に入った２０１３年9月、内戦状態にあったシリアに言及した演説で、オバマ大統領は、「アメリカは世界の警察官ではない」と言い放ったのです。**もは**

や、リーマンショック後のアメリカには、世界中の軍事基地を維持する余力がなくなっていたということです。

2016年1月には、任期最後の一般教書演説で「世界の警察官とならずに、いかに米国を安全にし、世界をリードするか」が次期大統領の課題だと述べました。

じつは、「リーマンショック」前後から、すでにグローバリズムの弊害が顕在化していました。中国から輸入される安い製品や、メキシコなどの中南米からの不法移民によって仕事を奪われ、貧しくなる人が増加していたのです。中東問題に深く関与したことで、アメリカはテロリストの標的になりました。

また、グローバル経済を推進するため、アメリカは自由貿易を維持してきましたが、日本やドイツ、中国のような新興の工業国を利するだけで、巨額の貿易赤字を垂れ流すようになります。特に中国は、不公平な貿易慣行を改めようとせず、アメリカとは逆に巨額の貿易黒字を貯め込む一方になります。

こうして**グローバリズムは、アメリカ国民の貧富の差をさらに拡大させた**のです。ウォール街の国際金融資本や多国籍企業といった一部には莫大な恩恵を与え、真面目に働いている小売業者や労働者は貧しくなるだけ、という世論が醸成されていきました。

本来、労働者の味方をアピールしてきた民主党が、じつは大資本のいいなりであることが明らかになったのもこのオバマ政権でした。オバマは日本のような国民皆保険制度（オバマ・ケア）を目玉政策として掲げて当選しましたが、実際には国民を民間保険に加入させ、補助金を出すという内容に変わっていました。儲かったのは民間の保険の大手です。

そしてオバマ大統領の後を継いだのが、ドナルド・トランプです。トランプは、選挙期間中から、「強いアメリカの復活」、「アメリカ第一主義」（アメリカ・ファースト）を掲げていました。

２０１７年1月の大統領就任演説でも、「貿易、税金、移民、外交に関するすべての決断は、アメリカの有権者とアメリカの家族の利益となるよう行われる」と述べました。**アメリカの国益を犠牲にしてまで「世界の警察官」はやらない、と明言した**のです。

アメリカがモンロー主義を唱えてから約1世紀の時を経て、ウィルソンは「世界の警察官」になることを宣言しました。その約1世紀後、トランプは「アメリカ第一主義」を掲げ、モンロー主義へと回帰したことになります。

Q19. トランプは、なぜ「米中貿易戦争」を始めたのか？

トランプ政権の発足後も、アメリカはしばらくの間中国に対してことさら対立をあおるような行動は見せませんでした。ただ、貿易面での米中間の不均衡については、一貫して中国政府に是正措置を求めました。

2017年11月には、トランプは北京に赴いて習近平と米中首脳会談を行い、貿易赤字削減について協議します。しかし、実質的な成果を得ることはできませんでした。

そこで、**2018年に入って、トランプは実力行使に出ます。中国からの輸入品について、次々に追加関税を課すことを決めた**のです。

これが、米中貿易戦争の始まりです。

中国はこれに猛反発して報復関税を発動し、それを受けたアメリカがまた追加関税を決定する、といった報復合戦が繰り広げられ、その途上で、第2章で解説した「ペンス演説」に至るというわけです。

2019年になっても、報復関税合戦がやまず、米中貿易戦争はさらに過熱します。

同年5月、米商務省の産業安全保障局は輸出管理規則に則り、世界最大の通信機器メーカーで5G大手の中国企業ファーウェイを「**禁輸措置対象リスト／エンティティ・リスト**」に登録しました。これは、安全保障上あるいは外交政策上、アメリカの利益を脅かす活動に関与していると判断された企業や研究機関、個人が登録されるリストです。リストに登録されると、アメリカからの輸出が禁止となります。しかも、アメリカ以外の国の製品であっても、アメリカ発の技術が一定以上使われている製品は輸出規制の対象となります。

もし、リストの該当者に輸出した場合、輸出した企業や個人は、アメリカ国内での企業活動ができなくなるという、厳しい罰則があります。

ファーウェイがエンティティ・リスト入りしたことを受け、グーグル（現アルファベットの子会社）やインテルといった名だたるアメリカのITハイテク企業が、ファーウェイとの取引を停止することを表明しました。

アメリカの市場から、中国の戦略を担う企業を締め出し、加えて、アメリカの先端技術がそうした企業に流出することを防止しています。

米中貿易戦争は、報復関税合戦から、一段と抜き差しならない状況に突入したといえるでしょう。

Q20. 「グローバル・サプライチェーンの再構築」とは何か？

２０１９年あたりから、アメリカの当局者の間では、**世界経済からの中国の「切り離し／デカップリング」**が盛んに言及されるようになりました。

前述したようなエンティティ・リストなどを用いて、中国からの輸入品に関税をかけて輸出競争力を脆弱化させる、あるいは、安全保障に関わるような製品の中国への輸出を規制する、といった措置で、中国を世界経済から孤立させようという考え方です。

古くはマッキンダーが主導した「ロシア包囲網」、それを米ソ冷戦に応用したジョージ・ケナンやキッシンジャーの「ソ連包囲網」と同じ発想といえます。

最近は、「米中デカップリング」という言葉自体、あまり見聞きすることは少なくなりました。ですが、**中国を孤立させるという考え方は、アメリカの対中政策のみならず、世界中の国々の政治・経済に影響を与え、影響力は拡大しています。**

その具体例の一つが、「**グローバル・サプライチェーン」からの中国外し**です。

サプライチェーンとは、ある製品に関する、原料の調達から始まる、製造、販売に至るまでの一連の流れのこと。そして、グローバル・サプライチェーンとは、その流れが、国内だけでなく海外拠点も含まれていることです。

特に中国は、１９８０年頃から経済開放政策に転換し、積極的に海外の企業や工場の進出を受け入れてきました。海外企業にとっては、安くて豊富な労働力や広大な用地が魅力となり、世界中の企業が次々に中国へ進出しました。その結果、中国は「世界の工場」と呼ばれるような、グローバル・サプライチェーンの一大拠点になったのです。

さらに、中国のＧＤＰが増加し、アメリカに次ぐ世界第2位の規模になると、今度は、製品を販売するマーケットとしても大きな存在になりました。インドに次いで世界第2位の14億人を超える人口はもとより、１００万ドル以上の資産を有するいわゆる富裕層だけを見ても、その数はアメリカに次ぐ2位になっているのです。要は、**グローバル・サプライチェーンの再構築とは、中国を外して他の発展途上国に新たなサプライチェーンをつくること**なのです。

最近、特に衣料品がメイド・イン・チャイナから、メイド・イン・ベトナムやメイド・イン・バングラデシュに変化していることに、本書を読んでいる皆さんはお気づきでしょうか。これも、米中蜜月が終了した一つの象徴なのです。

グローバル・サプライチェーンの再構築は、実際には工場の移転や新設などを伴うため、コストがかかります。しかし、国家の安全保障の脅威を取り除くという目的のためには、ある程度の経済合理性は犠牲になるのも致し方ないといえます。

米中新冷戦下では、日本を含む西側諸国は、望むと望まざるとにかかわらず、グローバル・サプライチェーンの再構築を進めていかざるを得ないでしょう。新型コロナウイルスの感染拡大による各地のロックダウンや、ロシアのウクライナ侵攻などが相まって、生産拠点の見直しの必要性は高まっているのです。

Q21. 2022年の米中間選挙で、対中姿勢はどう変わるのか？

本章の冒頭で述べたように、バイデン政権の外交政策は迷走しています。

ただ、基本的には、**トランプ前政権の対中強硬政策を踏襲しています。これは、議会で超党派の強い支持があるため**です。

実際、対中追加関税の多くは継続しています。輸出管理規則上のエンティティ・リストには中国企業の追加が行われており、新疆ウイグル自治区での強制労働を理由とした輸入制限も発動しています。中には、半導体輸出規制や、中国人民解放軍への協力の疑いのある中国企業などへの新規の証券投資の禁止など、強化された分野もあります。

議会主導で決定された措置も多いのですが、アメリカ国内で中国に対して否定的な世論が増えていることも影響していると考えられます。香港の反体制運動に対する習近平政権の弾圧が報道されると、中国に対する世論はかなり悪化しました。

2022年のアメリカ中間選挙は、事前予想より共和党は苦戦したものの、下院は4年ぶりに共和党が過半数を獲得し、多数派となりました。

共和党内には、バイデン政権の対中政策が「生ぬるい」という批判があるだけに、対中政策はより強化される可能性は高いでしょう。もともと、経済安保や対中政策は超党派での賛同が得やすい分野なので、強硬路線が既定になると考えられます。

そして、今後のバイデン政権の本気度を測る目安としては、第2章の冒頭で解説した「国防権限法」が挙げられます。2023会計年度の国防権限法では、台湾の防衛能力を向上させるための予算が計上されました。

しかし、予算の計上と、その予算の執行はまったくの別問題。実際に台湾に兵器が供与されるかどうかは未定です。**兵器や軍用車両、船舶の供与、あるいは、「環太平洋合同演習（リムパック）」への招待が実現すれば、本腰を入れたとみることができます。「米中新**

冷戦」は別のステージに突入することになるでしょう。

ウクライナ戦争で見せた、武器は売りつけるが兵士は送らない、というアメリカの態度は、今後の台湾危機でも繰り返されるでしょう。**中国を挑発はしても、戦う気は毛頭ない。戦うのは台湾軍だけ。そう見切った習近平が、実際に行動を起こすハードルはかなり低くなった**と私はみています。

Q22. 弾道ミサイルを乱発する北朝鮮と、どう付き合うべきか？

2022年、北朝鮮は過去に例を見ないほどのミサイル発射を行いました。

防衛省の発表によると、過去最高となる合計73発のミサイルを発射しました。防衛省が確認していない分を含めた韓国軍の発表では90発を超えています。2022年の大晦日の午前中、日本海に向けて短距離弾道ミサイル3発を発射、明けて翌2023年1月1日未明にも、弾道ミサイル1発を発射しています。

2023年も、大量のミサイルを撃つ、という北朝鮮のアピールではないでしょうか。

2022年10月4日に発射したミサイルは、青森県上空を通過して南鳥島の東方海上に落下しました。日本列島を横断するミサイルの発射は2017年以来です。

金正恩《キムジョンウン》総書記の父親である金正日《キムジョンイル》前総書記の時代は、発射されたミサイルは17年間で16発でした。2022年のミサイルの数が異常に多く、また確実に射程を伸ばしていることがわかります。

米韓合同軍事演習や日米韓の共同訓練が行われるたびに、北朝鮮はミサイル発射を行ってきましたが、アメリカに直接脅威を与えるミサイルは手控えてきました。しかし2022年11月には、「火星17」と称するICBM（大陸間弾道ミサイル）級を発射しています。これはアメリカ全土を射程範囲におさめるものです。

アメリカはウクライナ問題に集中しており、国連の安全保障理事会もまったく機能しなくなっています。北朝鮮にしてみると、ミサイル発射がやりやすい環境になったといえるでしょう。おそらく、いまがミサイル開発を進めるチャンスだと捉えているはずです。国際社会の分断を突いて、核実験を再開する可能性も高いのではないでしょうか。

北朝鮮の一連の核兵器とミサイル開発は、アメリカへのアピールが目的です。

核兵器という抑止力を維持したままで、休戦状態が続いている朝鮮戦争の平和条約をアメリカと結び、国境を接し、つねに圧力をかけてくる中国に対する牽制に使いたいという思惑があるのです。それが、**北朝鮮の現体制を維持する近道だと考えている**のです。

北朝鮮は、日本海や日本列島を超えた太平洋に向けてミサイルを発射していますが、西に向けて撃つと、一転して中国が射程圏内になります。もし、中国軍が国境を越えて侵攻してきたら核ミサイルを撃ち込むぞという、中国への抑止力としても機能しているわけです。

じつは、**中国と北朝鮮の間には民族問題も存在しています。**

北朝鮮から中朝国境を越えた中国領内に、「延辺朝鮮族自治州」があります。ここには朝鮮語を話す数百万人の朝鮮民族が居住しているのです。この朝鮮族自治区の民族問題に火がついてしまうと、満州人や内モンゴルのモンゴル人の民族問題に影響を与え、中国の現体制を揺るがしかねません。

金正恩《キムジョンウン》は、中国と通じていた叔父の張成沢《チャンソンテク》とその一族を公開処刑し、マカオへ亡命した兄の金正男《キムジョンナム》を工作員に尾行させ、マレーシアのクアラルンプール国際空港で神経ガスを使って暗殺させました。これらの凶行も、金正恩が中国に対する恐怖心から起こしたものでしょう。

同じ社会主義陣営であり、中国は北朝鮮に経済支援も行っています。**中国と北朝鮮は友**

好国だと受け取られがちですが、それは表面上に過ぎないのです。北朝鮮のミサイルの乱発は、韓国や日本といった周辺国への単なる威嚇だけではないのです。

これを理解したトランプ大統領は米朝首脳会談に応じ、「我々は（核開発を進めたリビアの独裁者）カダフィを滅ぼした。同じことはイラクでもやった」と金正恩を恫喝した上で、「核を完全に放棄するのなら、北朝鮮の体制を保証する」と、ディールを持ちかけました。しかし金正恩はアメリカを信用できず、交渉はストップしたままです。

なお、リビアのカダフィはアメリカによる体制保証と引き換えに核開発を断念したのですが、結局はアメリカのＣＩＡが仕掛けた「アラブの春」で政権は崩壊し、反政府軍兵士に殺されています。金正恩はこの事実を知っているから、アメリカを信用できないのです。

地政学に感情を持ち込むべきではありません。

北朝鮮は日本へ工作員を送り込み、多くの日本人を拉致していました。また北朝鮮系のオーナーも少なくないパチンコ業界から多額の献金が北朝鮮へ流れていたのも事実です。

国内では奇怪な世襲専制体制が敷かれて個人崇拝が強要され、「大勢の敵」と見なされた者は、たとえ独裁政党の労働党幹部であっても公開処刑され、多くの人民が労働収容所で飢餓に苦しんでいます。

それを承知の上で申し上げるのですが、日本は「核を持つ北朝鮮」を中国に対するカードとしてもっと使うべきです。

日本人拉致問題の解決が絶対条件ですが、北朝鮮と国交を結び、何らかの軍事協定を結ぶことも一考の価値があるのではないでしょうか。日本にとって最大の脅威は北朝鮮ではなく、中国なのですから。

第４章

中国は、本当に台湾に侵攻するのか？

Q23. 習近平の「武力行使の放棄を約束しない」発言の真意とは？

ロシアのウクライナ侵攻以降、中国の台湾への武力行使について、よく取り沙汰されています。

なぜかというと、ロシアはプーチン政権、中国は共産党一党独裁政権のもと、いずれも国内では権威主義的な政治体制を維持し、周辺諸国に対しては「法の支配」を否定して「力の論理」を振りかざしているというわけです。

また、両国は、第二次世界大戦の戦勝国として国連安保理事会の常任理事国であり、拒否権を発動できる点でも共通しています。ただし、中国の台湾への武力行使の可能性について、識者の見解は分かれているようです。

ウクライナ戦争の長期化やロシアに対する西側諸国の経済制裁を目の当たりにした中国は、「台湾侵攻は簡単ではない」と慎重になったという見方があります。その一方で、アメリカのバイデン政権が当初から軍事介入しないと明言し、ロシアの侵攻を許したことから中国は自信を深めている、とみる向きもあります。

そうした中、中国の台湾への武力行使の可能性が強くなっていることを象徴するような出来事がありました。

２０２２年10月、中国共産党の重要人事を決める5年に1度の第20回全国代表大会が開催されました。その活動報告の中で、**習近平総書記は台湾統一方針に関して、「決して武力行使の放棄を約束しない。必要なあらゆる措置をとる選択肢を持ち続ける」と述べた**のです。

この発言は大きなニュースとなり、台湾を巡る中国とアメリカの緊張関係は一気に高まった、とさまざまなメディアで報じられることになりました。

たしかに、ニュースが切り取った表面的な言葉を追うと、「中国はいつでも台湾に侵攻する用意をしている」と受け取れます。

しかし、その捉え方では、ミスリードを招いてしまいます。発言の背景をきちんと理解する必要があります。

まず、**習近平の発言内容は、これまでの中国の台湾統一に関する政策から大きく逸脱するものではありません。**現状、中国は「平和統一政策」を基本にしています。

中国には、台湾との関係を定めた「反分裂国家法」があります。２００５年3月、第10期全人代（全国人民代表大会）第3回会議で採択されたもので、「一つの中国」という原則のもと、台湾を平和的に統一すると書かれています。ただし、「台湾を中国から分裂させるという事態」が発生すれば、「非平和的手段」を行使することが明記されています。この「非平和的手段」が「武力行使」を意味するものとされているのです。

ここがポイントで、**あくまで「非平和的手段」は、台湾を中国から分裂させる、すなわち「台湾が独立を宣言する」事態が発生しない限りは行使しない**、という立場です。したがって、中国が無条件で台湾を「武力統一する」ことを目指しているわけではありません。

「台湾はすでに独立国ではないか？　独自の政府、独自の軍隊を持ち、独自の通貨を発行しているではないか」と思う人が多いでしょう。実態は、その通りです。

ただし、形式上は、台湾はいまでも「中華民国の一部である台湾省」という立場であり、当の台湾政府がこの立場を捨てていません。台湾の紙幣には「中華民国」と印字され、「中国革命の父」孫文がお札の顔になっているのです。

中華民国は、辛亥革命（1911～1912年）で誕生し、孫文と蔣介石という国民党の指導者によって指導され、1949年に中国共産党との内戦で敗れるまで南京を首都に存在した国家です。国民党の立場からすれば、たまたま中国共産党という「非合法政権」に本土を占領されているだけであり、法的にはいまも中国全土が中華民国である、という理屈です。

「いまも独立国家なのだから、このまま現状維持でよいではないか？」

「共産中国との関係は曖昧なままにしておいて、経済的結びつきを強めよう」

というのが、国民党の立場なのです。

「台湾は中国の一部」という考え方を、「一つの中国論」といいます。中国共産党は台湾を「中華人民共和国の一部」と定め、国民党は台湾を「中華民国の一部」と定める。お互い考えていることは違うのですが、「台湾は中国の一部」という点では一致します。ですから、台湾の国民党政権は中国共産党に急接近してきました。

これに対して、

「台湾は台湾であり、中国ではない」

というのが、台湾独立派の立場です。台南など南部に根強く、民主進歩党（以下、民進党）の支持者に多い考え方です。

蔡英文《さいえいぶん》・民進党政権は、心情的には独立派に近いのですが、独立宣言をすると中国が何をするかわからないので、刺激するようなことは控える、というスタンスを取っています。

この文脈において、過去の習近平発言を読み直すと、習近平は「台湾が独立を宣言した場合」という条件付きで武力行使について言及しているのです。党大会前の直近では、2022年8月に発表された「台湾白書」にも、同様の記述があります。

では、党大会での発言は大した問題ではないのか。

習近平の発言は、「(武力行使の対象は) 外部勢力の干渉と、ごく少数の〝台独〟分裂勢力と分裂活動に向けたものである」と続いています。〝台独〟とは台湾独立派のことです。これが誰を指しているかは明白でしょう。**台湾問題への介入を強めるアメリカと、それを歓迎している台湾の蔡英文政権**です。

中国共産党大会の直前、8月に、アメリカ民主党のナンシー・ペロシ下院議長(当時)が超党派の議員団を引き連れて訪台しました。下院議長というのは、大統領権限継承順位が副大統領兼上院議長に次ぐ第2位という、かなり高位のポジションです。現職の下院議長が台湾を訪問するのは1997年以来25年ぶりでした。これには、上院の共和党議員も超党派で支持を表明しています。

この訪台に憤慨した中国は、すぐさま台湾海峡で大規模軍事演習を実施しました。バイ

中国軍の2022年の軍事演習区域

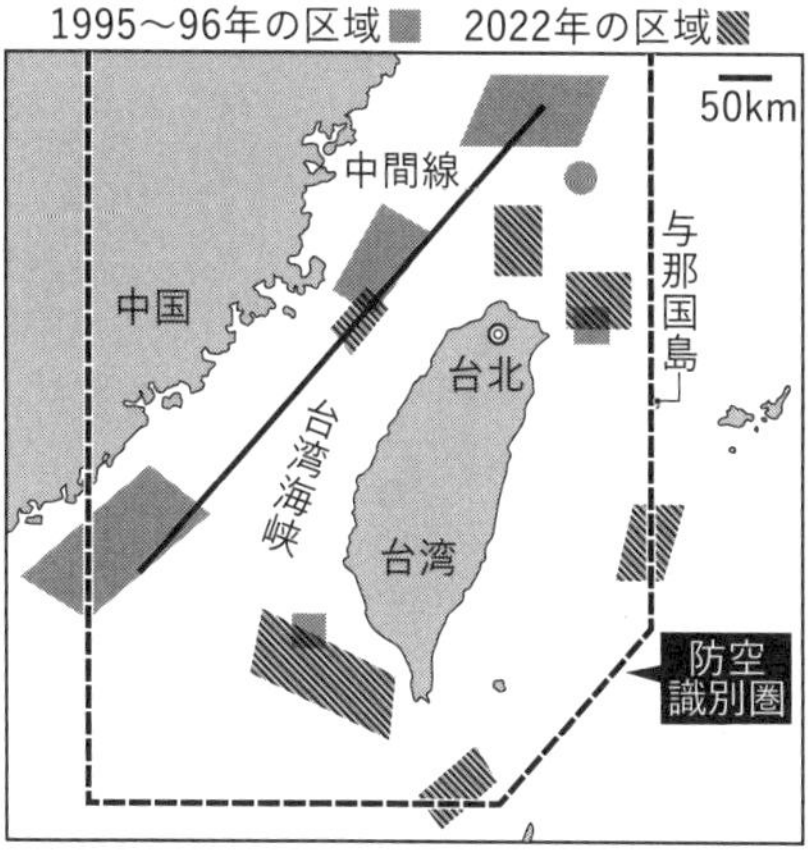

デン政権と蔡英文政権への威嚇です。

台湾近海での中国軍の大規模軍事演習は、1995年の台湾海峡危機以来です。中国海軍が発射した弾道ミサイルのうち5発は、石垣島近海の日本の排他的経済水域（EEZ）に着弾しました。習近平の党大会での発言は、こうした恫喝外交の延長線上にあるのです。

つまり、台湾に干渉する外部勢力＝アメリカ、台湾を分離・独立させる勢力＝蔡英文政権、というわけです。党大会では名指しこそしませんでしたが、この時点で緊張関係は一気に高まりました。

Q24. 中国の台湾問題における「レッドライン」とは？

中国は「反分裂国家法」で、台湾に武力行使をする要件として「台湾を中国から分裂させるという事態」と定めています。つまり、これがレッドラインとなるわけですが、実際にはどういうことを想定しているのでしょうか。

中国の対台湾政策の大原則は「一つの中国」です。中国にとって、台湾は別の国ではなく、あくまで中国の一部分という位置づけです。主権国家として認めていないのです。したがって、**どこかの国が台湾を国家として認め、正式な外交関係や軍事同盟を締結すれば、中国は台湾を分離・独立させる事態とみなす**でしょう。「一つの中国」という基本的立場も否定されるからです。

アメリカは最初、台湾の中華民国政府を合法政府と認めていました。ところが大陸の共産党政権が確固たる支配を確立すると、アメリカの財界は中国市場に進出させてくれと働きかけます。また、共産主義中国を西側陣営に引き込むことは、最大の仮想敵国ソ連を孤立させるという効果が期待できました。そこで1972年にニクソン大統領がはじめて北京を訪れ、毛沢東と会見したのです。これを機に西側諸国は雪崩のように中華人民共和国を承認し、台湾とは断交しました。

アメリカは、１９７９年に台湾と断交し、米軍と大使館を引き揚げました。しかし、親台湾派議員の働きかけにより、アメリカ議会は「台湾関係法」を制定し、台湾に武器を売却することを認めています。さらに、アメリカ大統領に台湾防衛のための軍事行動を行使する権利を与えています。ただし、あくまで選択肢の一つという位置づけです。

台湾関係法は、国家間の条約や取り決めなどではなく、アメリカ国内の法律です。１９７９年に台湾と国交を断絶して以来、アメリカは、中国が掲げる「一つの中国」という原則を受け入れて、台湾を国家として認定していません。中国のレッドラインを意識した「曖昧戦略」なのです。

第3章で、バイデン大統領が、「中国が台湾に軍事侵攻した場合にアメリカ軍は台湾を防衛するか？」と聞かれて、「イエス」と答えているのは、この台湾関係法を念頭にしていると考えられます。「一つのオプションとして」という部分を省いて受け答えをしたので〝問題発言〟になりました（インタビュアーはそこを理解していて、あえて〝炎上〟させているのでしょう）。

２０２２年8月の「ペロシ訪台事件」によって緊張が高まった米中関係でしたが、10月の中国共産党大会後、バイデンと習近平が対面してレッドラインの確認をする、という出来事がありました。同年11月にインドネシアのバリ島で開催された、G20サミット（20か国・地域首脳会議）に合わせ、約3年半ぶりの対面による米中首脳会談が開かれたのです。

会談内容の詳細は非公開でしたが、**習近平は「反分裂国家法」に触れつつ、「台湾問題は中国の核心的利益のさらに核心であり、中米関係が超えてはならないレッドラインだ」と強い調子で主張した**とされています。

対するバイデンは、「〝一つの中国〟という中国の主張を理解する」という従来のアメリカの台湾政策に変更はなく、一方的な現状変更には反対する、と〝タテマエ〟で応じ、台湾問題に関する議論は平行線を辿った、と報道されています。

しかし、この首脳会談は、中国側にメリットがあったと推測されます。習近平は〝顔に出る〟タイプです。会談内容に満足していれば笑顔、反対に不満足ならムスッとします。会談後に発表された習近平の写真は満面の笑顔でした。ペロシ元下院議長の訪台など、台湾への関与を強めるアメリカに釘を刺し、台湾情勢に何も変化がないことを、世界に再認識させることができたからでしょう。

習近平とバイデンは、二人が国家副主席と副大統領の頃から付き合いがある、旧知の間柄。また、バイデンの息子ハンターは投資会社の役員として、中国企業から複数回にわたり、数百万ドル単位の「コンサル料」を受け取っていたことが、米下院の監査改革委員会で指摘されています。

習近平にとって、バイデンがトランプ前大統領よりもはるかに扱いやすい相手であることは間違いありません。

Q25. 中国の「シーパワー化」の具体的なプランとは？

長らく東アジア最大のランドパワー国家として存在していた中国は、19世紀のアヘン戦争以来、「屈辱の百年」（中国語では「百年国恥」）に突入しました。

長く世界帝国として安逸を貪ってきた清国は、イギリスが仕掛けたアヘン戦争を皮切りに、産業革命で工業化を遂げ、近代兵器を保有した欧州列強から、次々に侵略されたのです。その流れに日本やロシアが加わって分割され、辛亥革命後の中華民国時代には内戦が続くという惨状でした。

毛沢東が半植民地状態だった中華民国を大陸から排除し、外資も国有化することで、独立を達成しました。ただし、極端な共産主義（大躍進政策）で経済は破綻し、多くの餓死者が出ました。

次の鄧小平は、外資導入による経済発展（改革開放政策）に切り替え、人民を豊かにしました。ただし、統制経済と市場経済との矛盾が、党官僚の汚職や貧富の格差を生み出し、共産党政権への不満が天安門事件（1989年）を引き起こしたのです。

これに懲りた共産党政権（江沢民、胡錦濤）は、改革開放を維持しつつ国内の締め付けを強化し、人民の不満を外へ向けるように「愛国教育」を推進しました。日系のスーパーが焼き討ちされたりする事件は、これ以後の出来事です。

毛沢東・鄧小平に続く第三の「偉大な指導者」を自任する習近平は、新たな国家目標として「**中華民族の偉大なる復興**」というスローガンをぶち上げました。これは「屈辱の百年」を克服して大国となった中国を本来のあるべき地位に戻し、世界秩序の覇権を握る、というシナリオに沿っています。つまり、**中国をランドパワー国家からシーパワー国家に変えようとしている**のです。

歴史上、中国がシーパワー化を目指したことは、およそ2回ありました。永楽帝が鄭和《ていわ》の艦隊をインド洋に派遣した15世紀初頭の明朝と、西太后が実権を握っていた19世紀末の清朝末期です。清朝は莫大な国費を投じてアジア最強といわれた近代的な北洋艦隊を配備しましたが、日清戦争で大敗し、艦隊を失いました。

３回目が中華人民共和国の海外進出です。軍事的な戦略の枠組みは、すでに１９８０年代の鄧小平時代に提唱されています。鄧小平のもとでこれを実行したのが、「中国海軍の父」と称される劉華清《りゅうかせい》で、彼が策定したのが「第一列島線」「第二列島線」という概念です。

第一列島線は日本列島、沖縄、フィリピンを結ぶライン、第二列島線は小笠原、グアム、ニューギニアを結ぶラインとなっています。

劉華清のプランでは、２０１０年までに第一列島線の内側の海域である東シナ海と南シナ海の制海権確保が計画されていました。さらに、２０２０年までに、第二列島線の内側の海域であるフィリピン海の制海権の確保と、中国自前の空母の建造が目標でした。

劉華清のこうした計画は、じつはそれほど注目されていませんでした。中国は、歴史的に陸軍を重視していたからです。

歴史を振り返ってみると、中国はつねに北方民族からの脅威にさらされてきました。13世紀後半には、北方のモンゴル人によって中国全土が支配され、元が成立しています。隣国との対立関係の緩和が最重要となるランドパワー国家の宿命といえるものです。

米ソ冷戦の時代も、中国は、北方の国境線が接するソ連との対立が激しくなり、陸軍の増強を続けていました。その頃の中国海軍はというと、沿岸警備をする程度の規模に留まっていたのです。

しかし冷戦終結により、状況は一変します。ソ連が崩壊したことで、北方の脅威から解放されたのです。

その代わり、**最も注意すべき仮想敵国がアメリカになった**のです。

ニクソン訪中以来、対ソ包囲網を築いていた米中両国でしたが、「共通の敵」ソ連を失い、台湾の民主化をアメリカが支援することに江沢民政権は警戒感を強めました。台湾初の民主選挙で独立派の李登輝が中華民国総統に選出された1996年の台湾海峡危機によって、中国は明確にアメリカを仮想敵国と位置づけます。

台湾海峡危機は、台湾のトップを決める総統選挙の直前に発生しました。国民が総統を選ぶ台湾初の直接選挙であり、台湾独立派の李登輝が優勢であったことから、江沢民政権は猛反発。台湾海峡にミサイルを複数回にわたって打ち込み、選挙直前には台湾領海にまで射程範囲を広げて恫喝しました。そのとき、クリントン政権はすぐさま、同海域に2つの空母打撃群を派遣し、１つは台湾海峡を通過しました。中国人民解放軍の副参謀長は、「アメリカが台湾に介入したら、ロサンゼルスを核ミサイルで破壊する」と息巻いていましたが、結局、アメリカ空母に指一本触れることさえできませんでした。

　この屈辱的な一件から、中国は海軍の増強に邁進し、改めて、第一列島線と第二列島線が意識されるようになったのです。

　１９９８年、中国政府の意向を受けた民間会社は、旧ソ連で設計され、ウクライナが建造途中で財政難のためスクラップになっていた空母を、「海上カジノ用」として購入しました。それを中国初の空母として完成させたのが「遼寧《りょうねい》」です（２０１２年就役）。スキージャンプ台がついた旧式空母ですが、これをモデルにした2隻目の「山東」は中国国産空母として完成し（２０１９年就役）、3隻目の「福建」は米空母並みの電磁カタパルトを装着した最新モデルで、２０２２年に進水しています。

　劉華清の描いたプランは、着実に実行されているのです。

Q26. 台湾併合が、中国の「シーパワー化」に必要な理由とは？

中国にとって台湾併合は、核心的利益のさらに核心です。「一国二制度」を適用してきた香港の自治を奪い、事実上の直轄地とした習近平が、「中華民族の偉大なる復興」を成し遂げるための最後の、そして最大の課題といえます。

また、**台湾統一は、中国がシーパワー国家へと変貌するためにも必須**です。中国側から周辺国を眺めた次ページの地図を見てください。

中国には約１万８０００㎞の広大な海岸線があります。さらに、１万トン以上の船舶が停泊可能な港湾を整備できる深水海岸線も４００㎞以上あります。**中国はシーパワー国家にも転換しうる地理的条件を備えていますが、それが活かされていないのは、周辺国が〝フタ〟をしているから**です。

日本海は日本列島に囲まれ、東シナ海は沖縄と台湾が囲んでいます。南シナ海には、フィリピン、マレーシア、ベトナムがあります。こうした国々は、米軍が駐留していたり、アメリカと同盟関係にあったりします。

さらに、日本には横須賀を母港とし、西太平洋からインド洋まで展開できるアメリカ第

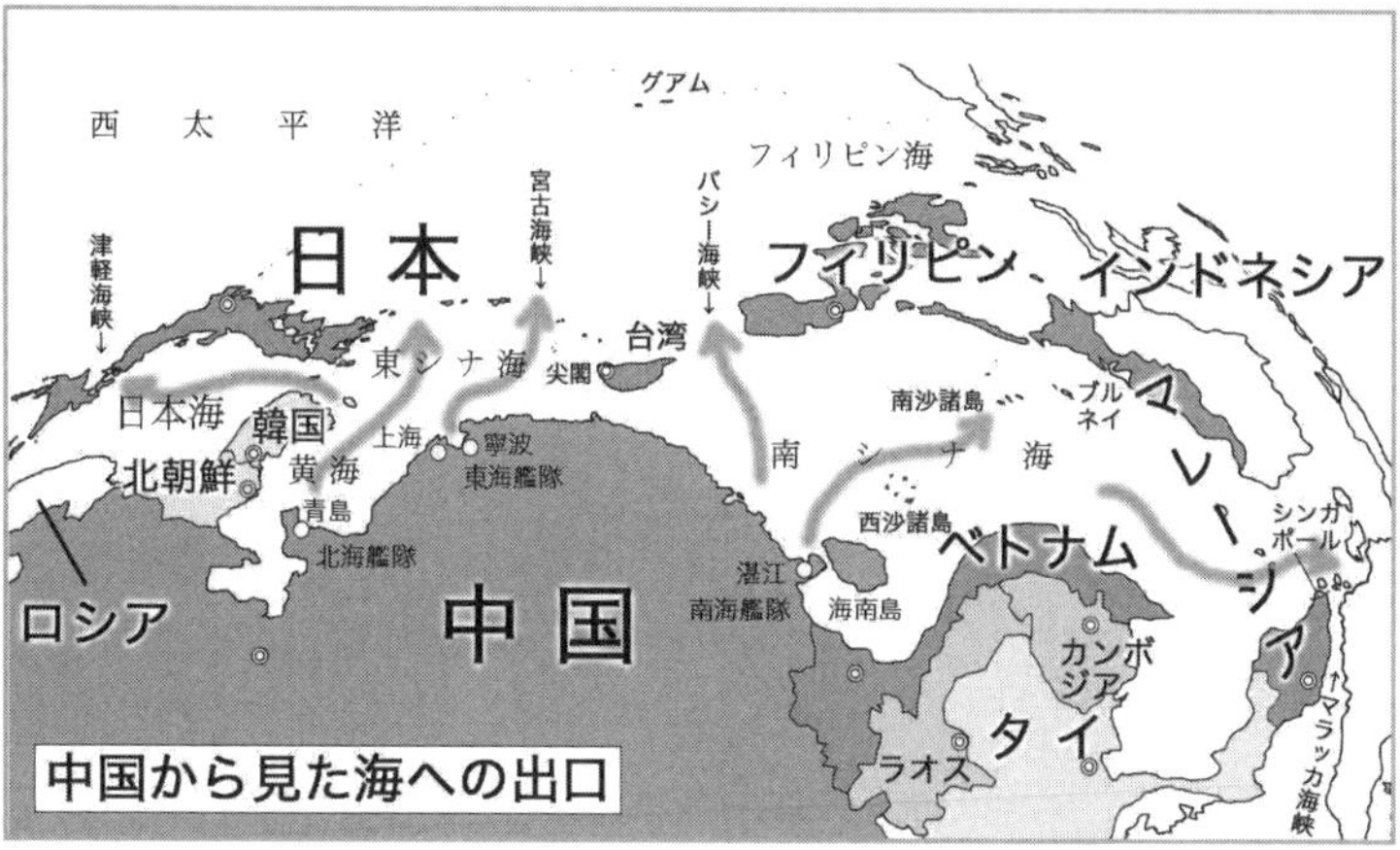

中国から見た海への出口

図版作成：著者

七艦隊が配備されており、日本や台湾、フィリピンの背後には、アメリカ海軍の拠点であるグアムやハワイが存在しています。

前述した第一列島線がフタの役目をして、第二列島線がそれをバックアップするという体制になっているため、いずれの海域からも、中国海軍が太平洋に進出することは極めて困難です。

しかし、中国が台湾を併合すれば、中国海軍の太平洋進出が一気に実現することがわかるでしょう。

Q27. なぜ、中国は南シナ海で領有権を主張するのか?

南シナ海は、第一列島線の南方に位置し、習近平の「一帯一路」の海上ルートの出発点にもなっている海域です。

中国は、1992年に定めた「領海法」で、西沙諸島や南沙諸島といった島々を含め、南シナ海のほぼ全域を中国の領海である、と主張しました。領海法は、単なる中国の国内法であり、国際法においては、まったく根拠のない一方的な主張です。そもそも中国の言い分は、「明朝の文献に島の名が記録されているから」というだけのものです。その地を実効支配していたことが証明されなければ、国際法上の領有権は認められません。

「力の論理」を振りかざして中国が南シナ海を狙う理由は、地政学上の要衝であるチョークポイントが存在しているからです。東南アジア最大のチョークポイントは、南シナ海がインド洋に通じるマラッカ海峡です。

紅海・インド洋・南シナ海は、２０００年前の漢王朝の時代から、東西交易の大動脈でした。

特に、マレーシア領内のマレー半島とインドネシアのスマトラ島を隔てているマラッカ海峡は水深が深く、タンカーやコンテナ船などの大型貨物船が航行できる要衝です。19世紀にイギリスがここにシンガポール港を建設し、イギリス東洋艦隊の拠点としました。第二次世界大戦で日本軍がここを攻略し、日本の敗戦後は、日本の横須賀基地を拠点としているアメリカの第七艦隊がこの海域をコントロールしています。

もし、**現状のまま中国がアメリカとの交戦状態に突入した場合、中国の貨物船はマラッカ海峡を航行できなくなります。戦略物資の輸入が途絶えてしまい、中でも、中東からの原油輸入がストップしてしまうことは、中国にとって大打撃になる**はずです。

また、南シナ海は水深が深いため、原子力潜水艦が深く潜ると探知は不可能です。たとえば、東シナ海は水深が浅いため、原子力潜水艦はソナーなどで捕捉されてしまいます。

すでに、南シナ海の北岸にある海南島には、中国の潜水艦基地が数多く建造されています。ここに、アメリカ本土を射程範囲に収める大陸間弾道ミサイルを搭載した潜水艦を配備しておけば、アメリカにとっては重大な脅威となります。地上のミサイル基地ならアメリカ軍のミサイルで破壊できますが、深海を動き回る潜水艦にはお手上げなのです。

Q28. 中国人民解放軍の戦略のベースは今も「孫子の兵法」だった？

中国の兵法書である『孫子』は、紀元前500年頃の中国春秋時代に成立したとされる、古典中の古典です。世界中で読み継がれ、日本でも戦国武将の武田信玄が愛読していたことで知られています。現代でも、ビジネス書として読む経営者は少なくありません。

孫子の兵法は、実際の戦場で使えるような戦術ではなく、戦争を始める前の戦略が中心です。そして、中国の安全保障政策には、いまでも孫子の兵法の影響がみてとれます。

孫子の兵法で最も有名なフレーズは「戦わずして勝つ」でしょう。原典では、「戦わずして人の兵を屈するは善の善なる者なり」と記述されています。この言葉の前提には、「戦争では敵国を保全したまま攻略するのが最善で、破壊して勝つのは次善の策である」という考え方です（原典は「凡《およ》そ用兵の法は、国を全《まっと》うするを上と為し、国を破るはこれに次ぐ」）。

中国は台湾を併合する際、人民解放軍の上陸など直接的な武力行使は避け、最悪でも香港で起きたような混乱程度に止《とど》めたいと考えているはずです。台湾には、世界最先端の半導体製造技術を有する、ＴＳＭＣの本社や工場があるからです。そうした設備や施設を破壊することは、併合後の中国の損失にもつながります。

中国の基本的な戦略は、少しずつ既成事実を積み上げてプレッシャーをかけ続け、相手の〝根負け〟を狙う、というものです。

アメリカのペロシ前下院議長が訪台したとき、中国は再び台湾海峡で大規模軍事演習を行いました。それ以降も台湾海峡での中国軍の威嚇行為は続いており、むしろ、威嚇の度合いは高まっています。

中国本土から発進した戦闘機や軍事用ドローンが、台湾海峡の中間線を越えたり、台湾

の防空識別圏に侵入したりすることは常態化しました。また艦船の活動も活発化していま
す。台湾当局は、こうした威嚇に対して警戒態勢を敷いていましたが、あまりの頻度の多
さに消耗し、最近ではいちいち反応しなくなっています。物量で攻め立てて、相手を消耗
させる。このやり方は、尖閣海域における日本の領海侵犯でも繰り返されています。

南シナ海でも、着実に既成事実を積み上げています。２０１２年頃から、同海域で人工的に島を造成し、中国の領有だと主張しているのです。

水面上にわずかに顔を出しているような珊瑚礁に、砂利とコンクリートを大量に投入し、どんどん埋立地をつくっていきました。これは、海洋の現況保護を定めた国際海洋法条約に違反します。中国は意に介さず、1~2年後には、軍用機が発着できる滑走路やレーダー施設、港湾設備を備えた人工島を建設しました。居住可能な島となれば、周辺海域を「領海」や「ＥＥＺ」（排他的経済水域）と主張して、海洋資源の開発に乗り出すことができます。

この中国の人工島は、南シナ海の南沙諸島近くにあります。そもそもはフィリピンが領有権を主張していた海域です。フィリピンは、国際法違反としてオランダ・ハーグの常設仲裁裁判所に訴えました。２０１６年には、国際法に違反しているという判断が下されま

したが、中国の外交トップである戴秉国《たいへいこく》・元国務委員は、仲裁裁判所の判決を「ただの紙切れ」と嘲笑しました。

「大国は、利があれば国際法に従い、そうでなければ国際法など無視する」かつてビスマルクが伊藤博文に語った言葉です。

フィリピン国内では〝強面〟として恐れられていたロドリゴ・ドゥテルテ前大統領も、中国には経済で抑え込まれているため、何の手立ても打てませんでした。

南シナ海では、中国の「戦わずして勝つ」という戦略が奏功しているのです。

Q29. なぜ、中国の台湾侵攻が近いと予測されるのか？

中国の台湾侵攻の可能性が取り沙汰されるようになった直接的な理由は、ロシアのウクライナ侵攻です。しかし、**アメリカ国内では、それ以前から、早期の台湾侵攻について言及されていました。**

２０２１年3月の上院軍事委員会では、アメリカのインド太平洋軍司令官だったデービッドソン海軍大将が、「中国軍が２０２７年までに台湾に侵攻する可能性がある」と証言しました。当時はそれほど注目されませんでしたが、ウクライナ侵攻が起きて以降、アメリカ当局者の中国の台湾侵攻に関する発言が目立って増えたのです。

ブリンケン国務長官は、中国共産党大会での習近平の発言を受ける形で、「中国は早期に統一を目指す決意を固めた」と述べました。アメリカ海軍作戦部長のギルデイ大将は、前述のデービッドソン海軍大将の発言に関する質問に対して、「2027年までに起きる可能性がある場合、（中国なら）2023年までに起きる可能性も排除できない」と、さらに事態は切迫しているという認識を明らかにしています。

ダメ押しとなったのは、アメリカの「CIA」（中央情報局）のバーンズ長官の発言です。米公共放送のPBSのインタビューで、「**習主席が2027年までに戦争開始の準備を整えるよう軍の指導部に指示を出したことも私たちは把握している**」と述べたのです。

気になるのは、アメリカ当局者の口々に上る2027年という年です。じつは、この年は中国人民解放軍創設100年にあたります。さらに、習近平が3期目の国家主席としての任期を終了する年でもあります。

おそらく、それまでには台湾統一を達成するべく何らかの行動に踏み切るのではないか――。少なくとも、アメリカ政府内では、そうした見方が共有されているのでしょう。

それでは中国には、２０２７年まで武力侵攻に出る理由はあるのでしょうか。基本戦略は「戦わずして勝つ」という「平和統一」のはずです。

これまで中国は、台湾を軍事力で威嚇するとともに、有利な条件での企業誘致などさまざまな経済的な支援を行い、台湾の親中派勢力を拡大させる、という戦略を採ってきました。しかし、台湾の二大政党の内、親中派である国民党は、２０１６年以降、総統の椅子と与党の立場を、台湾独立への志向が強い民進党に奪われたままとなっています。

中国が力による威嚇をすればするほど、台湾では嫌中感情が高まり、親中派の声がかき消されていきます。習近平は香港方式の「一国二制度」、つまり中国本土は共産主義、台湾は自由主義を維持したままの統一を呼びかけてきました。しかし香港を国家安全維持法という「力の論理」で制圧したのを見た蔡英文総統は「一国二制度を断固拒否する」と宣言して喝采を浴び、世論調査でも台湾独立を支持する人が急増しています。中国が路線転換をしない限り、２０２４年に行われる次の総統選挙でも、民進党候補が勝利するでしょう。

そうなってしまっては、２０２７年までに、中国が台湾を「平和統一」する可能性はほぼなくなります。

２０２７年以降の節目としては、中華人民共和国建国１００年に当たる２０４９年があります。ただ、2023年6月に70歳となる習近平にとって、2049年は遅すぎるはず。ロシアのウクライナ侵攻で習近平が得た教訓は、核武装が最大の抑止力となる、ということでしょう。

当面は、アメリカが台湾防衛を躊躇するほどの核武装と海軍の強化を急ぎつつ、南シナ海での影響力を強め、2024年の台湾総統選挙で親中派が勝利するように画策をする、という方針ではないでしょうか。

そのためにも、台湾への軍事的そして経済的プレッシャーは、ますます強まることになります。アメリカは中国への牽制のため、台湾海峡での艦船の通過を公表するようになりました。台湾海峡での米中の偶発的な衝突の危険性も、高まりつつあります。

中国が台湾に手を出す場合、間違いなく尖閣諸島をも占領するでしょう。台湾も尖閣の領有権を主張しており、中国は尖閣（中国語で釣魚島）を「台湾省の一部」と見なしています。先に尖閣を占領して、台湾への橋頭堡にするかもしれません。

台湾危機は沖縄危機。日本の陸海空自衛隊は創設以来70年を経て、初の実戦に出動する日が近づいているようにみえてなりません。

Q30．なぜ、中国は尖閣諸島の領有権を主張するのか？

尖閣諸島（中国名：釣魚島）は東シナ海に浮かぶ魚釣島、北小島、南小島、沖ノ南岩などから構成されている島々の総称で、沖縄県石垣市が管轄する無人島です。

尖閣諸島最大の島は魚釣島で、石垣島からも台湾からも１７０㎞の距離。沖縄本島からは４１０㎞、中国大陸とは３３０㎞ほどで、沖縄よりも中国大陸のほうが近いのです。

日清戦争後の下関条約（１８９５年）で、日本は台湾と澎湖諸島を清国から獲得しました。日本政府は尖閣諸島を無主地（管轄する国がない地域）と確認したうえで、下関条約とは別に日本領に編入しました。日本人が移住して開拓し、カツオブシ工場もつくられました。

１９１９年、尖閣海域で遭難した31人乗り中国漁船が救出されたことに対し、中華民国の長崎領事が石垣村長に感謝状を出しました。そこには「日本帝国沖縄県八重山郡尖閣列島」と記されています。これが当時の中国側の認識だったのです。

第二次世界大戦後、アメリカによる沖縄統治が始まり、尖閣諸島には米軍の射爆場がつくられました。これについて中華民国からは何も抗議はありませんでした。

そして1960年代に入って、日米共同で東シナ海の海底資源探査が始まりました。1968年に国連アジア極東経済委員会が新たに調査を実施し、日本と台湾の間にある大陸棚には世界最大級の油田が存在する可能性があると報告しました。推定埋蔵量は1000億バレル（約150億トン）、これはイラクの油田埋蔵量の合計とほぼ同じです。アメリカから日本へ沖縄が返還される3年前のことです。

この国連報告以降、1970年代に入って中華民国（台湾政府）も中華人民共和国も、尖閣（魚釣島）領有権を突如として主張し始めたのです。

彼らの主張は、「日清戦争で台湾・澎湖諸島とともに日本が奪ったのだ。敗戦国日本は、サンフランシスコ平和条約で台湾・澎湖諸島を放棄したのだから、尖閣も放棄せよ」というものです。

これは嘘です。日清戦争後の下関条約にも、サンフランシスコ平和条約にも尖閣についての記述はなく、奪ってもいないものを返還する義務はないのです。

しかしながら、「法と正義」が通用しないのが国際社会です。

国内の民事訴訟であれば、裁判所が判決を下し、当事者が従わない場合には強制執行する権限を持ちます。家賃を払わない人には、その人の財産や給与を、国家権力が差し押さえることができるのです。

ところが国際社会には、国家権力を超える権力は存在しません。国際司法裁判所、常設仲裁裁判所、国際刑事裁判所など司法機関はありますが、その判決に強制力をもたせる執行機関がないのです。国連は五大国の談合組織に過ぎないのです。

強制執行に近いものとしては国連安保理事会の決議による経済制裁・武力制裁がありますが、五大国が拒否権を出せば審議はストップします。中国は五大国の一つですから、自国を制裁する決議に拒否権を出すのは当たり前。第1章でウクライナに侵攻したロシアに対する国連の制裁ができない理由を説明しましたが、同じことが中国に対してもいえるのです。

中国は、南シナ海の島々をめぐり東南アジア諸国とも紛争を抱えています。フィリピンとの領土紛争に関してハーグの常設仲裁裁判所が出した判決を、中国政府高官は「紙切れ」と呼んで無視しました。同じことが尖閣でも起こるでしょう。

日本政府が「日中友好」を唱えて穏便に対処するのを見て、中国は尖閣海域での実力行使をエスカレートさせてきました。１９８０年代には、東シナ海における日中中間線のぎりぎり中国側の海域で原油の試掘を開始。上海までのパイプラインはすでに開通し、稼働しています。1992年には「領海および接続水域法」で尖閣諸島を中国領土と規定し、2010年には尖閣海域の日本領海で違法操業をしていた中国漁船が、日本の海上保安庁の警備艇に体当たりをし、船長が身柄を拘束されました。日本政府（民主党の菅直人政権）は中国政府の圧力に屈し、船長への取り調べを停止して中国に送還しました。

その後、中国は海警局（海上警察）を人民解放軍の傘下に再編し、軍艦を青白に塗装して尖閣領域に送り込んでくるようになりました。尖閣海域での中国公船の領海侵犯は常態化し、もはやニュースにもならなくなっています。

なぜ、中国はこのような態度を取り続けるのか。

それは、**日本の海上保安庁の巡視船が中国語で「日本の領海です。出て行きなさい」と呼びかけるだけで、決して発砲しないことを知っている**からです。

グレーゾーンを徐々に広げ、既成事実を積み上げていくという中国の手口が、南シナ海でも尖閣諸島周辺でも着実に実行されているのです。

Q31.「台湾有事」が「日本有事」になる理由とは？

台湾海峡を巡って米中の軍事行動が活発化するにつれ、アメリカ国内では、中国の台湾侵攻に関するシミュレーションが数多く行われています。

２０２３年1月、アメリカの安全保障シンクタンク「戦略国際問題研究所（ＣＳＩＳ）」が、中国人民解放軍が台湾へ侵攻した場合のシミュレーションを公表しました。

２０２６年に想定したシミュレーションでは、アメリカ軍が台湾側について参戦したケースのほとんどで中国の侵攻は失敗する、というものでしたが、日本政府が日本国内の米軍基地の使用を認めなかったときは、中国の台湾侵攻は確実に成功すると結論づけています。

シナリオの一つでは、中国は台湾侵攻に失敗するもののアメリカ軍は２７０機の航空機と航空母艦2隻を含む戦闘艦17隻を失い、自衛隊は１１２機の航空機と26隻の戦闘艦を失う、台湾軍はほぼ全滅する、と想定しています。

中国人民解放軍の損失は航空機１５５機と戦闘艦52隻、上陸揚陸用船艇86隻。被害が相対的に少ないのは、中国本土に近いため小型の艦艇の比率が高いことが要因とされます。

中国が台湾侵攻を開始し、アメリカ軍が参戦すれば、中国は沖縄をはじめとする日本国内の米軍基地を攻撃することになります。そうなれば必然的に自衛隊は応戦することになります。また、台湾侵攻と同時に中国軍が尖閣諸島を占領する可能性が高く、日本は否応なしに台湾有事に巻き込まれるのです。

CSISのシミュレーションには、日本が国内米軍基地の使用を認めなかったシナリオが一つだけあります。その場合、アメリカ軍に甚大な被害が発生し、中国の台湾侵攻は成功してしまいます。彼らはそのあと、沖縄を要求してくるでしょう、「琉球王国はかつて明朝の藩属国であった。これを日本が奪ったのだから、返還せよ」と。

日本が米中戦争に巻き込まれたくないとして米軍基地の使用を認めなければ日米関係には修復不可能な亀裂を生じ、日米安保条約は破棄されるか空文化するでしょう。

日本は核を持たない自衛隊が、2000発の中距離核ミサイルを日本の主要都市に向けている中国人民解放軍と対峙することになるのです。「中立」といえば聞こえがよいのですが、重武装しなければ中立は維持できません。

Q32. 岸田政権が安保政策で、急に「タカ派」に転じた理由とは?

2022年12月、岸田政権は「国家安全保障戦略」などの3つの文書、いわゆる「防衛

3文書」を閣議決定しました。名称の通り、次の3つの文書が存在します。

（1）外交・防衛の基本方針を掲げた「国家安全保障戦略」
（2）今後10年間の防衛方針を示した「国家防衛戦略」（旧・「防衛大綱」）
（3）自衛隊の装備計画と編制を定めた「防衛力整備計画」（旧・「中期防衛力整備計画」）

従来の日本の安全保障政策の基本方針は「専守防衛」です。専守防衛とは、相手から武力攻撃を受けたときに初めて防衛力を行使すること、その行使の方法や防衛力は、自衛のために必要な最小限に限る、というものです。そのため自衛隊は、他国の領土を射程圏内に捉える兵器は保有していなかったのです。

防衛3文書は、その方針を転換し、他国への〝反撃能力〟を有する兵器を持つことを明記していたため、議論を引き起こしました。

「国家安全保障戦略」では、中国の外交姿勢や海洋進出を「深刻な懸念事項」と明記し、北朝鮮についてはミサイル技術の進化が、「一層重大かつ差し迫った脅威」と述べました。

従来の迎撃能力では対応が困難であるので、「有効な反撃をすることができる能力を持つことで、相手からの武力攻撃そのものを抑止する」（国家防衛戦略）としています。
シンプルにいえば、「やられたら、直接やり返す」という姿勢を初めて見せたわけです。
これは自衛隊が「敵基地攻撃能力」を保有することを意味します。
「防衛力整備計画」に基づき、岸田政権は2023年度予算でアメリカ製巡航ミサイル・トマホークを500発購入する方針を固めました。トマホークは有翼の中距離ミサイルで、艦艇や潜水艦から発射できます。その射程は1600㎞ですから、朝鮮半島全土と、中国沿岸の大都市はすべて照準に入ります。

当然、名指しされた中国・北朝鮮は猛反発。北朝鮮は、閣議決定されてすぐに、弾道ミサイルを日本海に発射しました。

東アジアの安全保障環境の悪化を受けての防衛力整備は当然のことで、遅過ぎたともいえます。問題なのは、国会での審議や法案成立の前、岸田首相が2023年1月に訪米した際に、先にバイデン大統領に防衛3文書の内容を伝えたことでした。国会で成立させる前に、ほぼ国際公約のようにしてしまったのです。

また、岸田首相は2022年5月、東京でバイデン大統領との会談で、「防衛力の抜本的な強化」と「防衛費の相当な増額」を先に約束し、そのあと国民に向けて23年度以降の

５年間で、防衛費をこれまでの１・５倍となる約43兆円に増額すると発表しました。しかも、国防より緊縮財政を優先する財務省に配慮して「増額分は増税で賄う」と表明したのです。

「何も決めることができない」と、リーダーシップに不安が指摘されてきた岸田首相が、安倍政権もできなかった防衛費の１・５倍増を電光石火で決断するという不自然さ。日本の首相がこうした動きを見せるときは、往々にしてアメリカの意向が強く働いているもの。「人の話をよく聞く」岸田さんの耳は、アメリカ政府と財務省の声だけは「よく聞く」ようですが、バイデン政権がロシア軍のウクライナ侵攻を止めようとせず、高額な兵器をウクライナに売り付けているのを見せつけられると、岸田首相の姿がゼレンスキー大統領と重なって見えてくるのは私だけでしょうか？

第5章

台湾の「シリコンの盾」は どこまで有効か?

Q33. 台湾の「半導体の盾」とは何か？

米中新冷戦の焦点が台湾となっている要因はまだあります。

それは、**台湾の半導体メーカーの存在**です。

台湾は、半導体の一大生産国となっており、半導体受託生産では世界の7割近くのシェアを占め、国別では首位です。

受託生産とは、企業からの注文に応じて製品をつくることで、半導体分野では「ファウンドリ」と呼ばれています。

特に、台湾積体電路製造（TSMC）は、1社だけで世界シェアの6割近くに達しており、世界中のハイテク企業からの注文を受けています。

たとえば、米アップル社は、スマートフォン「iPhone」向けの半導体を自社で設計し、生産をTSMCに委託しています。アップルは、他の部品の場合、一つの生産ラインが停止しても製品の供給に支障が出ないように、複数の企業および国と地域に生産委託をしています。「iPhone」シリーズだけで、年間2億台以上も生産しているためです。しかしその心臓部で使う半導体は、TSMC1社だけが請け負い、台湾国内でのみ生産しているという状況です。

なぜ、これほどまでの寡占状態が出来上がっているのか。

その理由は、**ひとえにTSMCの技術力の高さです。高性能の先端半導体の分野では、間違いなくトップの生産能力を有している**のです。

ＴＳＭＣが強みを持つ先端半導体は、スマートフォンや「５Ｇ」通信、データセンターなど幅広く使われているほか、ＡＩやスーパーコンピュータの開発にも必要です。ハイテク、ＩＴ分野での技術革新には欠かせません。

ロシアのウクライナ侵攻では、無人航空機ドローンが前線で大活躍しています。半導体の性能がハイテク化した兵器の優劣の決め手にもなっているのです。

アメリカがウクライナ軍に供与した携行型の対戦車ミサイル「ジャベリン」は、目覚ましい戦果を挙げました。「ジャベリン」には、敵の戦車に命中させるための誘導システムが内蔵されていて、１基当たり２００個以上の半導体が使われているとされています。

また、アメリカ軍の最新鋭のステルス戦闘機であるＦ35に搭載している軍用の半導体チップは、ＴＳＭＣから調達しています。

もし、**中国が台湾を併合し、TSMCをはじめとする半導体メーカーを支配することに**

なれば、アメリカなど対立する国々への先端半導体の供給はストップしてしまいます。ハイテク製品を製造することはできなくなり、軍事力の劣化にもつながることになります。

つまり、台湾が生産する半導体を安定的に確保するためには、敵対国に台湾を支配させて、思い通りにさせるわけにはいかないのです。中国が台湾を併合する事態が切迫すれば、それを防衛しなければなりません。

じつは、台湾当局も半導体生産能力が安全保障に直結していることを十分意識しており、これを「**半導体の盾**（**シリコンシールド**）」と呼んでいます。中国が侵攻してきたときは、「台湾の半導体の生産設備を守るため、アメリカが台湾を見捨てるはずがない」と考えているのです。

Q34．半導体の地政学的リスクとは？

台湾の先端半導体における産業支配が、「シリコンシールド」を発動させている要件になっています。同時に、**半導体の生産が一つの国に集中しすぎたことで、中国による武力侵攻があった場合、世界経済に甚大な影響が出るという地政学リスクも高まりました。**

このリスクをいち早く改善しようとしたのが、トランプ政権時代のアメリカです。アメリカ国内での半導体の生産能力を高めようと動いたのです。

トランプ政権は２０１８年あたりから、ＴＳＭＣの工場の国内誘致に乗り出します。当初は難航したものの、最終的にアメリカ政府が巨額の補助金を出すことで誘致に成功しました。２０２０年5月、ＴＳＭＣは、アメリカ南西部に位置するアリゾナ州に、工場を建設すると発表します。ＴＳＭＣの在米工場としては、ワシントン州に次いで２つ目です。

この一件以降、ＴＳＭＣは海外での工場新設を積極化します。２０２１年10月には日本の熊本県に工場建設を発表しました。ソニーやデンソーといった日本企業と一緒に合弁会社を設立し、日本政府も補助金を出すことで合意しました。

２０２２年12月、ＴＳＭＣは、すでに工場建設が始まっているアリゾナ州への投資額を、当初計画から3倍以上の４００億ドル（約5兆５０００億円）に増額することを決めました。２棟目の工場を建設する計画が進んでいるようです。この決定の背後にも、アメリカ政府の巨額の補助金の存在があります。

さらに、２０２３年1月の決算発表の席上で、日本での２つ目の工場と、欧州で初めてとなる工場の建設を検討していることを明らかにしました。

このように、ＴＳＭＣの〝全方位外交〟が広がっているのは、ＴＳＭＣの経営方針の変化とともに、西側各国が「半導体リスク」を深刻に受け止め、その解消に本腰を入れたことが背景にあります。

半導体の工場の建設には、巨額の費用がかかります。アリゾナ州の１つ目のプロジェクトは、約１２０億ドル（約1兆６４０９億円）、２つ目の計画は推定約４００億ドル（約5兆４６９６億円）にまで膨らんでいます。その一部をアメリカ政府が補助金としてサポートするわけです。

２０２２年8月、米国議会はアメリカ国内での半導体などハイテク製品の生産研究開発に対して補助金を支給する「ＣＨＩＰＳ・科学法」を成立させました。２０２２年度から5年間で総額約２８００億ドル（約38兆円）という巨額なものです。半導体産業だけで、５２7億ドル（約7兆２０６２億円）が振り分けられ、半導体工場を誘致する補助金としては３９０億ドルが計上されています。現時点、米国内で半導体を生産しているのは、ＴＳＭＣと米インテル、あとは韓国のサムスンの3社で占められ、最大の投資額はＴＳＭＣになっています。

ＥＵ議会も「欧州半導体法」を整備し、ＥＵおよび加盟国が補助金を出しやすくしました。これまでEUは公平な競争を妨げるとして民間企業への補助金は禁じてきました。その例外を認めるルールを新設してまで、半導体産業の強化を図ろうというわけです。予算規模は、2030年までに430億ユーロ（約5兆7000億円）。すでにスイスに本社を置くSTマイクロエレクトロニクスが欧州半導体法の適用を受け、イタリアでの工場新設を決めました。同法はTSMCのドイツ工場にも適用される見通しです。

なお、日本のTSMCの熊本県の工場には、政府からの補助金が最大4760億円拠出される見通しです。

Q35. なぜ、日本の半導体メーカーはTSMCに敗北したのか？

電子機器の制御に、最初は真空管が使われました。昔のテレビが箱型だったのを年配の方は覚えていらっしゃるでしょう。これは中に真空管が並んでいたからです。次いでトランジスタが発明され、その後に登場したのが集積回路（IC）です。これは小さなシリコンの基板（チップ）上にトランジスタや電子回路を蒸着（印刷）したもので、半導体集積回路、略して「半導体」と呼んでいます。

半導体産業が勃興した1970年代、その最先端を走っていたのがNEC、東芝、日立など日本企業でした。大型コンピュータや自動車に使われる精度の高い半導体の生産で日本製品は世界シェアの70％に達し、米国市場をも席巻します。

それに対して、アメリカのレーガン政権は中曽根内閣に「貿易不均衡」「ダンピング」の是正を迫りました。

そして、1986年に日米半導体協定が結ばれ、次のことを日本政府は受け入れたのです。

①日本市場を海外の半導体メーカーに開放する（のち20％の数値目標を指定）。
②アメリカ政府は、日本製半導体に対し「公正価格」を定め、違反すれば制裁する。

これ以後、日本製半導体の生産は頭打ちとなりました。同時期のプラザ合意（1985年）でドル安円高に誘導されたことも相まって、割高となった日本製半導体は世界シェアを減らしていきます。

もう一つ、日本の半導体の没落は、日本企業の体質にも原因がありました。NEC、東

半導体売り上げランキングの推移

	1989年	2000年	2021年
1位	NEC	インテル（米国）	サムスン（韓国）
2位	東芝	東芝	インテル（米国）
3位	日立製作所	NEC	SKハイニックス（韓国）
4位	モトローラ（米国）	サムスン（韓国）	マイクロン（米国）
5位	TI（米国）	TI（米国）	クアルコム（米国）
6位	富士通	モトローラ（米国）	

台湾のTSMCは、2022年に韓国のサムスンを抜き、首位に立っている。
（出典：IC Insights）

芝、日立など総合家電メーカーの一部門として半導体をつくってきたため融通がきかず、不採算部門となるとさっさと切り捨てられたのです。早期退職を迫られた優秀な日本人技術者が韓国企業や台湾企業に引き抜かれ、韓国のサムスンやＳＫハイニックス、台湾のＴＳＭＣが台頭していきました。

米国に留学し、ＩＴ企業の幹部を歴任した中国人モリス・チャン（張忠謀）氏が台湾政府の招請を受けてＴＳＭＣ（Taiwan Semiconductor Manufacturing Company／台湾半導体製造会社）を立ち上げたのは１９８７年。日米半導体協議の翌年のことです。

ＴＳＭＣが成功した理由は、半導体の製造だけを行ったこと。さらに開発・設計は他社に任せ、半導体の製造（ファウンドリ）だけに特化したことでした。このため技術革新に集中でき、たとえばパソコンやスマホの普及といった市場の変化にも柔軟に対応できたのです。日本企業の技術者を高給でヘッドハンティングしたことは、いうまでもありません。

その後の30年で日本の半導体企業の世界シェアは70％から10％以下まで落ち込みました。ＴＳＭＣの熊本工場に日本政府が補助金を出すのはいいのですが、同時に日本企業が成長できるような仕組みをつくらなければならないでしょう。

１９９９年に経済産業省の音頭により ＮＥＣと日立の半導体部門を統合してエルピーダメモリ社が設立され、「日の丸半導体」の復活なるか、と期待されましたが、13年後に破綻しています。

２０２２年にはトヨタ、デンソー、ソニーなど8社の合弁で、最先端の半導体生産を行うラピダス社が設立されました。はたして、今度はうまくいくのでしょうか。「半導体の盾」が日本でも機能するかどうか、見守りたいと思います。

Q36. なぜ、「ロジック半導体」が重要なのか？

もはや戦略物資になっている半導体。西側諸国の積極的な補助金政策で、日米欧で生産拠点が確保されつつあります。これは、第3章で解説した「グローバル・サプライチェーンの再構築」の中でも、最重要の課題といえるものです。

ＴＳＭＣの創業者であるモリス・チャン（張忠謀）氏は、半導体のアメリカでの生産について、採算性の低さを問題視してきました。台湾での生産よりも50％程度のコストが余計にかかると述べています。そのコスト高を解消したのが、アメリカ政府による補助金でした。**経済合理性よりも、半導体の地政学リスクを優先してサプライチェーンの再構築をアメリカ政府が進めた**わけです。

しかし、ＴＳＭＣがこうした海外展開をすればするほど、肝心の台湾の「半導体の盾」は弱体化してしまうのではないか——。こうした疑問が出てきます。

ＴＳＭＣはその問題を、最先端の半導体生産設備だけは台湾に残す、というやり方でクリアしています。このあたりの事情をわかりやすくするために、先に半導体について、詳しく説明を加えておきます。

半導体は用途別に「アナログ」「メモリ」「パワー」「ロジック」の4種類があります。

・アナログ半導体……画像、音声、温度などアナログ情報をデジタル化する。

・メモリ半導体……スマホ、パソコンのデータ保存に使う。
・パワー半導体……電気自動車（ＥＶ）やエアコン、産業機器の制御に使う。
・ロジック半導体……スマホ、パソコン、ＥＶの頭脳に使う。

このうち、アナログ、メモリ、パワーの半導体については、日本メーカーもまだ競争力を持っています。

たとえば、スマホのカメラなどに使われるアナログ半導体の「ＣＭＯＳ《シーモス》センサー」では、ソニーが世界シェアの５割を超えています。データの保存をするメモリではキオクシア、おもに電圧制御をするパワーでは三菱電機や富士電機などが健闘をしています。ちなみに、メモリで圧倒的な強みを持つのは韓国のサムスンです。

ところが、ロジック半導体では、日本メーカーは〝型落ち〟の汎用品しかつくれません。最先端のロジック半導体をつくれるのは、現時点ではＴＳＭＣとサムスンのみで、トップはＴＳＭＣです。ロジック半導体は、データ処理の頭脳にあたるＣＰＵ（中央演算処理装置）に使われるなど、スマホやパソコンの性能に直結しています。そのため、半導体の中では最も付加価値が高いものです。

それでは、ロジック半導体の最先端の仕様とはどんなものでしょうか。

半導体の性能は、回路の線幅で決まります。信号が通る回路の幅が小さければ小さいほど、半導体を小型にすることができ、それがＣＰＵの性能アップにつながります。

半導体の世界では、「ナノメートル」という単位を使います。１ミリメートルの１万分の１が「マイクロメートル」、１００万分の１が「ナノメートル」です。新型コロナウイルス１個の大きさが１００ナノメートル程度です。

現在の最先端ロジック半導体の回路の幅は、なんと3ナノメートルです。この3ナノ品を量産化できるのはＴＳＭＣとサムスンだけです。3ナノの量産は始まったばかりなので、最新のｉＰｈｏｎｅにはまだ4ナノが使われています（２０２3年現在）。

また、両社とも次世代の2ナノ品の開発をすでに始めており、２０２5年から量産が始まる見通しです。

かつて、ロジック半導体で圧倒的な存在だったインテルは、２０２1年にようやく7ナノの量産が始まったばかり。ＴＳＭＣやサムスンに比べて、数年以上遅れているとされています。そして日本企業はというと、40ナノで止まっている状態なのです。

Q37. なぜ、台湾の「半導体の盾」は万全なのか？

半導体の基本知識を踏まえたうえで、ＴＳＭＣが海外に建設する工場の実力をみてみましょう。

アメリカのアリゾナ州の１つ目の工場は、５ナノ品から4ナノ品に変更されました。そして、２つ目の工場は３ナノ品の生産を予定しています。ＴＳＭＣにとって、海外工場でこのような最先端品をつくるのは今回が初めてです。

日本の熊本工場は、22〜28ナノ品と12〜16ナノ品を生産する予定です。出資会社であるソニーは、スマホのカメラに使う画像センサー用として、デンソーは、自動車の電子制御ユニットに搭載するマイコン用に使うとしています。

２つ目の工場については、まだ正式には決まっていません。日本政府の補助金次第といったところでしょう。もし、アメリカ並みの先端品が生産できる工場がつくられるのであれば、輸出品となる可能性があります。

そして、ドイツの工場は22〜28ナノ品になる見通しです。このクラスの半導体は、「成熟品」と呼ばれており、おもな用途は自動車や家電製品などです。欧州の自動車メーカーは、電気自動車（ＥＶ）の生産に舵を切っているので、今後、自動車用の半導体に対する大きな需要が見込まれています。成熟品であっても、欧州域内で安定的な供給が確保できれば大きなメリットとなります。

以上のように、現状では最先端の半導体をつくることができるのは、台湾とアメリカの工場だけですが、アメリカの工場で3ナノ品の量産が始まるのは2026年の計画です。現時点で3年程度遅れており、ＴＳＭＣの技術的なアドバンテージを考慮すれば、その差はさらに開くとみられます。

中国に台湾が併合されてしまえば、ＴＳＭＣの研究開発施設や生産設備が丸ごと中国に接収されることになり、当然、人民解放軍の軍事技術に転用されるでしょう。やはり、その影響は看過することはできません。

高性能のロジック半導体は技術革新のカギを握る中核部品です。関連分野は、5Ｇ、ＡＩ、自動運転、航空宇宙、防衛システムなど、枚挙にいとまがありません。

すでに、ＴＳＭＣやサムスンは、2ナノの先の1・4ナノ品の開発を始めています。このような超最先端ロジック半導体の用途は、ＡＩや量子コンピュータといった「高性能コンピューティング」分野になります。この分野で主導権を握ることが、〝技術覇権〟を制することになるでしょう。

Q38．民進党が選挙で負けても対中政策が変わらないのはなぜ？

２０２２年11月に行われた台湾の統一地方選挙は、蔡英文総統の与党・民進党が惨敗しました。その責任を取って蔡英文氏は、民進党のトップである主席を辞職しましたが、総統（大統領）の地位にはとどまっています。

統一地方選挙は、４年に１度実施されます。今回は、台湾を巡って米中対立が激化している中で行われたことで、世界的に注目を集めました。

親中派の野党・中国国民党（以下、国民党）が勝利する一方、中国への併合に反対する民進党が敗北し、蔡英文総統が党主席を辞職したわけですから、表面的に見れば、選挙は中国にとって歓迎すべき結果になったといえます。すぐに中国政府から、「平和や安定、より良い生活を求める主流の民意の反映だ」といった談話が発表されています。

統一地方選挙は、直轄市といわれる６つの大都市を含む県と市の首長選挙と、地方議会選挙のことです。中央ではなく地方の選挙なので、基本的には台湾国内の問題が選挙の争点となります。

しかし、統一地方選挙の2年前に実施された台湾の総統選挙、および日本の国会にあたる立法院の選挙結果に対しての、国民の評価といった側面があります。さらに、次の総統選挙、立法院選挙に向けた〝前哨戦〟としても位置づけられています。

したがって、やはりこの選挙結果は、台湾の民意が親中に傾いた、とみるのが妥当なのでしょうか。

じつは、前回、２０１８年の統一地方選挙でも民進党は大敗していました。２０１６年の総統選挙と立法院選挙で与党を奪い返した勢いは続かず、景気対策や年金改革がうまくいかなかったことが敗因とされました。そのときも、当時の蔡英文総統は責任をとって主席から退いています（２０２０年5月に主席に復帰）。

しかし、２０２０年の総統選挙、立法院選挙では、いずれも勝利を収め、蔡英文総統は2期目に入ります。２０１９年から次第に盛り上がっていった香港の民主化運動を、強権的に制圧した中国政府に対する台湾国民の拒否反応がストレートに反映されたといえます。

そして、２０２２年の統一地方選挙では、新型コロナ対策や景気に対する不満、候補者の選び方のマズさが民進党の敗因とされています。

当初、台湾政府は、コロナ禍に対してうまく対応していましたが、国境再開後に感染が急拡大しました。ワクチン不足も重なって、政府へ不信感が高まっていたのです。民進党は、対中政策など外交・安全保障問題を選挙の争点にしようとしましたが、有権者の直近の関心とはズレがあったようです。

これまでも統一地方選挙は内政問題が重視され、総統選挙と立法院選挙では外交など国家の問題が重視される傾向にありました。ここ数年で、その傾向はいちだんと強まったといえるでしょう。

国民党が勝利したからといって、民意が親中に傾いていると考えるのは早計です。それは、後述するように、さまざまな調査からもうかがえます。

Q39. 台湾が二大政党制となっている背景とは？

台湾が民主化を実現したのは1990年代です。それまでは、蔣介石《しょうかいせき》・蔣経国《しょうけいこく》の2代にわたる独裁政権が続いていました。彼ら国民党の党員と軍隊は、大陸で中国共産党との内戦に敗れ、一族と共に台湾に亡命してきたのです。この人たちを「外省人」といい、半世紀以上にわたり、台湾の政治と経済を牛耳ってきました。

これに対して日本統治下で日本語教育を受けた人たち、つまり「本省人」が民主化を求めると、国民党政権は武力でこれを弾圧し、戒厳令を敷きました。この独裁政権を「反共の防波堤」として支えてきたのはアメリカでした。

しかしニクソン訪中以来、アメリカは中国に急接近し、台湾を見捨てました。蔣経国は、もはや蔣家の独裁は続けられないと判断し、後継者に本省人の農政官僚・李登輝を指名するとともに、戒厳令を撤廃し、野党の結党を認めました。１９８８年に国民党の総統となった李登輝は、台湾初の国会議員の選挙を行い、１９９６年には、国民による総統の直接選挙を実施し、李登輝自身が再選されたのです。

中国国民党は、台湾に入って以降、独裁政権を維持してきました。国民党の総統は世襲制で、国会議員の選挙は行われませんでした。大陸で選出された議員が「終身議員」として、ずっと居座っていたのです。１９９０年代の民主化の結果、本省人を中心に民進党が結成され、ついには総統を出すまでになったのです。

野党として出発した民進党は、国民党の独裁時代に民主化運動をしていた学者や弁護士などが結集しました。「反国民党」でさまざまな勢力が大同団結したため、当初から複数の派閥が存在していました。対中政策についても、台湾独立派から現状維持派まで、主張を異にするグループが党内に存在しています。

一方、国民党は長く独裁政権の座にあったため、経済界や多くのメディアに浸透しており、官僚との関係も良好です。また、もともと中国本土の出身者なので台湾の独立には明確に反対し、この点では中国共産党と同じ立場です。

直接選挙となった1996年の総統選は、民主化を進めた国民党の李登輝が当選しました。しかし、次の2000年の総統選挙では民進党の陳水扁《ちんすいへん》が当選。国民党以外として初であり、本省人出身としても初の台湾総統となり2期8年を務めました。それ以降、台湾総統は、国民党の馬英九《ばえいきゅう》が2期8年、民進党の蔡英文が2期目と代わる代わる政権交代が行われているのです。

民主化の進展により、それぞれの党の支持層も変化しています。かつては、国民党は外省人、民進党は本省人という色分けが強調されましたが、中国共産党への反発から民進党を支持する本省人もいれば、中国市場に依存する産業界を中心に国民党を支持する本省人も少なくありません。

Q40. 民進党が総統選挙で負けないのはなぜ？

台湾の政治状況は、二大政党制によるアメリカ的な分断があるようにみえます。しかし、選挙の結果を追っていくと、**国政選挙と地方選挙をうまく使い分けている、有権者の姿が浮かんでくる**のです。台湾人の意識が変わってきたことで、そうした有権者が増加したと考えられます。

台湾の台北市に政治大学という国立大学があります。文系の大学としては台湾でトップです。この政治大学にある選挙研究センターというところは、さまざまな世論調査を、１９９２年より継続して行っています。その推移には、台湾人の意識の変化がはっきりと表れています。たとえば、「自分のことを何人だと思うか？　台湾人／中国人アイデンティティ分布」によると、調査がスタートした李登輝総統時代の１９９２年の調査結果は次ページ上の表の通りでした（「無回答」を除く。以下同じ）。

台湾が民主化して以降、国民みずからが国をつくってきたという意識が広く共有され、それが台湾人としてのアイデンティティを根付かせたといえます。これが、香港の民主化運動を弾圧した中国への嫌悪感につながっているわけです。これを見ると、習近平政権の

「自分のことを何人だと思うか？
（台湾人／中国人アイデンティティ分布）」

	1992年調査（李登輝政権下）	2022年調査（蔡英文政権下）
中国人である	25.5%	2.7%
台湾人でも中国人でもある	46.4%	32.9%
台湾人である	17.6%	60.8%

出典：国立政治大学（台湾）選挙研究センター

台湾に対する世論工作活動は、完全に失敗していることがわかります。

また、「本土と統一か、台湾独立か？」の調査結果が、次ページ上の表の通りです。

台湾人の独立に関する意識は、「統一」の声が急速にしぼみ、「現状維持」から「独立」へと傾きつつある、とみていいでしょう。「どちらかといえば独立」を含めると、**8割以上の人が中国との統一を望んでいない**ことになります。

2024年1月に予定されている次期総統選挙には、現職の蔡英文は出馬できません。台湾総統は2期8年という任期が定められているからです。民進党の候補は、現副総統であり、蔡英文に代わって党主席となった頼清徳《らいせいとく》が有力です。

蔡英文よりも独立志向が強いとされますが、こう

本土と統一か、台湾独立か？

	1992年調査（李登輝政権下）	2022年調査（蔡英文政権下）
すぐに統一	3.1%	1.2%
どちらかといえば統一	15.6%	6.0%
現状維持後、再決定	38.5%	28.7%
永遠に現状維持	9.8%	28.5%
どちらかといえば独立	8.0%	25.4%
すぐに独立	4.4%	4.6%

出典：国立政治大学（台湾）選挙研究センター

した民意がある以上、国政選挙で、親中派の国民党が総統選挙で勝利し、国会議員で多数派を占めることは考えにくいでしょう。

他方、地方選挙では、現実的な政策が期待できる国民党を多数派にし、民進党の増長を抑える。台湾の有権者はうまく政治をコントロールできているようです。

第６章

ウクライナ侵攻で動揺する欧州

Q41. なぜ、ドイツはロシアに対して〝弱腰〟なのか？

長期化するウクライナ戦争は、地続きのヨーロッパ諸国に激震を与えています。冷戦終結により過去の遺物となっていたNATO（北大西洋条約機構）がその軍事的価値を取り戻し、その盟主であるアメリカに追随せざるを得ない半面、天然ガスの供給国であるロシアとの決定的な対決も避けたい、というどっちつかずの状況ですが、そのバランス感覚は国によってかなり異なります。

ウクライナ戦争以前のドイツのロシアへの外交方針は、いわゆる「宥和政策」でした。宥和政策とは、強権主義国家に対して譲歩しつつ、友好関係を維持するものです。

米ソ冷戦期のドイツは、朝鮮半島と同じ分断国家でした。東ドイツ領内にある首都ベルリンも東西に分割され、西ベルリンは周りを高い壁で囲まれ（ベルリンの壁）、東ドイツ兵には、壁を乗り越える東ドイツ市民に対する射殺命令が出されていました。それでも自由を求めて西ベルリンへの亡命を図り、射殺された市民が80人ほどいます。

この緊迫した状況は、社会主義経済の失敗で疲弊したソ連のゴルバチョフ政権がアメリカとの和解と市場経済の導入を決断したことで一変しました。

１９８９年、ブッシュ（父）大統領と肩を並べて「冷戦終結」を宣言します。ソ連という後ろ盾を失った社会主義統一党の権威は失墜し、自由化を求める数万人規模のデモを引き起こしました。

同年の中国では、人民解放軍がデモ隊に対する血の弾圧（天安門事件）を行いましたが、東ドイツ政府はデモ隊の要求を受け入れ、ベルリンの壁の通行を許可しました。

翌年には自由選挙の結果、社会主義統一党が下野し、西ドイツとの統一を求める勢力が圧勝しました。

当時ベルリンで、東ドイツの崩壊を冷ややかに眺めていた男がいます。ソ連国家保安委員会（ＫＧＢ）の情報部員、ウラディーミル・プーチンです。彼はドイツ語を流暢に操り、東ドイツの秘密警察（シュタージ）の身分証を持っていました。のちにプーチンがドイツの首脳と通訳なしで会話できるようになったのは、このときの経験からです。

とにかく東西ドイツは、血を流さずに統一できたのです。ソ連崩壊はその翌年で、ロシア大統領に選出された急進改革派のボリス・エリツィンが強引な市場開放を始めました。

統一ドイツからすれば、半世紀にわたって東ドイツに駐留していたソ連軍が勝手に撤収してくれ、仮想敵国だったロシアが市場開放してドイツ企業も投資できるようになったわけです。

そしてロシア経済の発展は、ロシアに二度とソ連共産党のような政権が生まれることを防げるだろうと、誰もが楽観的に考えていました。

しかしロシアで起こっていたことは、財政破綻でＩＭＦの管理下に置かれ、国営企業の民営化とリストラを強いられ、民営化された石油やガスは、外国資本や新興財閥（オリガルヒ）に買い叩かれ、国富は海外、その大半はウォール街へ流れて行きました。保険年金システムが崩壊し、治安もモラルも崩壊し、民族紛争とイスラム過激派のテロが激化するという地獄絵図だったのです。

ロシアの大多数の国民は「束の間の自由」がもたらした破壊と混乱にうんざりし、強力な指導者が率いていたソ連時代の安定と平等を懐かしむようになりました。

そこに登場したのが、元ＫＧＢのプーチンです。

治安の悪化に苦しむエリツィンは、いったんは解散したＫＧＢを復活させてロシア連邦保安庁（ＦＳＢ）と改称、プーチンを長官に任命しました。心臓病の悪化でエリツィンが引退した結果、プーチンがロシア大統領に就任します。

アメリカで９・11テロ事件が発生すると、プーチンはロシアでも「テロとの戦い」を行

う と宣言し、イスラム過激派の拠点であったチェチェン共和国に対する徹底的な掃討作戦を行いました。新興財閥の汚職摘発を口実に多くの基幹産業を再国有化し、また多くの政敵を文字通り血祭りにあげたのです。

このようなマッチョな大統領にロシア国民は熱狂し、その人気はウクライナ戦争中の現在も衰えていません。

この時代、統一ドイツを率いていたのは社会民主党のシュレーダー首相でした。この人物が、プーチンとの関係強化に邁進したのです。ロシアの天然ガスをドイツまでパイプラインで運ぶ「ノルドストリーム事業」は、このシュレーダー政権時代（１９９８〜２００５年）に始まっています。

ノルドストリームとは、バルト海の海底に敷設された天然ガスパイプラインの名称です。それまで、ロシアからヨーロッパへの天然ガスの供給は、おもにウクライナとベラルーシを経由する陸上パイプラインで行われていました。

しかし、ロシアとウクライナの間では、このガス料金の支払いを巡ってトラブルが多発。ロシアはたびたび天然ガスの供給を停止したため、ヨーロッパ諸国がとばっちりを受けるという事態にもなっていたのです。

安定供給を維持したいロシアとドイツの思惑が一致し、ウクライナを経由せず、バルト海の海底にパイプラインを埋設するというプロジェクトがスタートしました。

「ノルドストリーム1」は、シュレーダーの退陣後の2012年10月に全面開通しました。運営するのは、ロシア国営天然ガス会社ガスプロムの子会社「ノルドストリームAG」という会社で、実質的にロシアの国営企業です。

そして**シュレーダー首相は退陣後、なんとこのノルドストリームAGの役員に就いた**のです。

もはや、**ドイツのロシアとの関係強化、宥和政策というよりも、シュレーダー個人がロシア政府と癒着していた**ともいえるでしょう。

Q42. ドイツに長く君臨したメルケル首相とは何者だったのか?

ドイツ初の女性首相アンゲラ・メルケルは、もともとは旧東ドイツで育ちました。父親は共産党政権の監視下で活動を許されていたプロテスタント教会の牧師でした。彼女は物理学を志し、ライプチヒのカール・マルクス大学（現ライプツィヒ大学）で学びます。量子化学の博士号をとったあと、崩壊直前のソ連・ウクライナに語学留学し、得意のロシア語に磨きをかけました。

ベルリンの研究所で勤務していたとき、１９８９年11月のベルリンの壁崩壊を目の当たりにして政治に目覚め、「市場経済と東西ドイツ統一」を掲げる「ドイツ連合」に参加しました。統一後は「ドイツ連合」が旧西ドイツの与党・キリスト教民主同盟（ＣＤＵ）に合流したため、彼女も自動的にこれに参加します。ＣＤＵは市場経済と親米を掲げる中道右派政党で、日本でいえば自民党みたいな存在です。ドイツ統一の立役者だったコール首相の政権与党でした。「コールのお嬢様」と呼ばれたメルケルは連邦議会議員に当選、40歳で環境保護原子力安全担当大臣に任命されます。

その後、アメリカとは距離を置く中道左派の社会民主党（ＳＰＤ）から出たシュレーダーが政権を握り、プーチンに急接近してノルドストリームに着工します。

この時代、メルケルは野党に転落したＣＤＵの党首として、政府の歳出削減や雇用の流動化など、新自由主義的なドイツ経済の構造改革を掲げました。アメリカのイラク戦争にも理解を示し、これに反対したシュレーダー政権を「反米主義」と非難したのもメルケルでした。

２００５年の総選挙を制してついに首相の座を射止めたメルケルは、**当初は親米の立場を堅持し、ロシアとは距離を置きました。プーチンとの首脳会談では、ロシアの人権問題を取り上げたり、ロシア国内で非政府組織と面会したりした**のです。

その一方で、脱原発を進めるための代替エネルギー確保のため、「ノルドストリーム２」の着工を認めました。２０１８年５月から「ノルドストリーム２」の建設が始まります。

アメリカ大統領トランプは、この事業に猛反対しました。すでに、ドイツとＥＵがロシアにエネルギーを大きく依存している状況で、その依存度をさらに高くするノルドストリーム２の建設は、ＮＡＴＯ諸国の安全保障を揺るがしかねないと、強く訴えたのです。ＮＡＴＯ諸国はアメリカに国防を依存して自主防衛努力を怠り、仮想敵国のロシアにエネルギーを依存するとは何事か、というのがトランプの主張でした。

さらにＥＵ産の鉄鋼・アルミにトランプ政権がかけた高関税をめぐっても、両者はＧ７の場でぶつかることになります。

天然ガスだけでみると、ドイツは国内消費量の約５割をロシアからの輸入分で賄っています。その量は、ＥＵ全域の約４割となっています。これをプーチンから見れば、ガス供給というＥＵの命綱を握り、優位な立場に立っていることになります。

カナダ・シャルルボアでのG7でやりあうメルケルとトランプ（2018年）
提供：GERMAN FEDERAL GOVERNMENT/UPI/アフロ

ウクライナ戦争の発生当初、このノルドストリームで供給される天然ガスの扱いを巡って、ＥＵの足並みは乱れました。ロシアへの依存度が高すぎるため、大きなコストを支払うことになったのです。トランプの懸念は現実化しました。

ノルドストリーム2は、２０２１年9月に完成しました。しかし、ウクライナ戦争が勃発したことで、稼働する見通しは立たなくなっています。

政権の座にあること17年、メルケル政権の末期は、シリア内戦にともなう欧州移民危機（２０１５年〜）と新型コロナのパンデミック（２０２０年〜）で政権運営への国民の不満が高まり、２０２１年の総選挙での敗北を受け、ついにメルケルは退任しました。

このあと第一党となった社会民主党（ＳＰＤ）のショルツが連邦議会で首相に選出され、ロシアのウクライナ侵攻という試練を受けることになります。

あとから振り返れば、メルケルは絶好のタイミングで退陣したことになります。

Q43.「欧州移民危機」は、何をもたらしたのか？

ドイツは日本と同じ敗戦国。米英軍の空爆に加え、米英ソ連軍と本土決戦まで行い、国土は徹底的に破壊されました。瓦礫《がれき》の中から立ち上がった西ドイツは、経済復興に国家目標を変え、１９６０年代には奇跡の高度経済成長を成し遂げ、この点も日本とよく似ています。

ただし決定的に違うのは、西ドイツは安価な労働力として「ガストアルバイター」と呼ばれる外国人労働者を大量に受け入れたことです。「ガスト」はゲスト、「お客さん労働者」という意味です。ドイツに流れ込んだのは、おもにトルコや南欧からの労働者でした。その背景には、人種差別国家だったナチス時代のイメージを払拭し、「開かれたドイツ」を世界にアピールする目的もあったでしょう。しかしあくまで「お客さん」であり、やがては帰ってもらうつもりでした。

ところが、**ドイツでの豊かな生活に慣れてしまった外国人労働者は祖国へ戻ろうとせず、逆に家族を呼び寄せて定住した**のです。**彼らは異郷の地で助け合うため固まって住むようになり、ドイツ語を覚えなくとも生活できるので、やがてドイツの各都市にはドイツ語が通じない地域が出現します。**

１９７３年の第一次石油危機で高度経済成長が止まると、この制度は廃止されます。彼らガストアルバイターは真っ先にリストラの対象となり、それでも祖国へ戻らず、生活保護の対象となりました。ドイツでは生活保護受給者の40％を移民が占めるようになりました。**かつての「安価な労働力」は「お荷物」へと変わっていった**のです。

同じような現象は、フランスやイギリスでも起こり、そして日本でも起こっています。「技能実習生」や「留学生」という名の「ガストアルバイター」が大量に入っているのです。

２０１８年、安倍政権は入管法を改正しました。外国人労働者の門戸を広げる代わりに、管理をきちんとする、という趣旨でしたが、これまで制限していた単純労働者に門戸を広げ、家族の帯同を認めた点は、欧州諸国の失敗から何も学んでいないと思います。

93年に発足した欧州連合（EU）は、「国境なきヨーロッパ」を実現しました。EU内部では、パスポートなしに越境できるようになったのです。東欧の旧共産圏諸国が相次いでEU加盟を成し遂げ、それと同時に東欧の労働者が豊かな暮らしを求めて西欧諸国へ流れ込みました。これは、安い労働力を求める西欧の多国籍企業、グローバリストにとって歓迎すべきことでした。特にドイツ経済を支える自動車産業は恩恵を受けました。人種差別に反対し、「多文化共生」を唱えるリベラル系メディア――特にドイツでは、保守的な言論は「ネオナチ」と見なされ刑事罰もあるので、すべての主要メディアがリベラルです――も常に移民受け入れを推進してきました。

1990年代、すでにドイツでは外国人労働者の割合が人口の1割を超えていました。これに反発する世論が、特に旧東ドイツ地域で起こったのは皮肉なことでした。

社会主義の失敗で経済発展に取り残された旧東ドイツ地域では、旧国営企業の民営化が進み、失業者も増大していました。彼らは「西側の豊かな生活ができる」という希望を抱いてドイツ統一に賛成したのに、統一政府は自分たちを顧みず、逆に外国人を優遇しているではないか、という感情です。移民の排斥を唱える運動は旧東ドイツ地域で起こり、ネオナチと呼ばれるスキンヘッドの若者たちが集団で闊歩し、ナチまがいの言動をするようになりました。

２０１０年、メルケル首相の発言が波紋を引き起こしました。彼女は与党ＣＤＵの集会で、こう発言したのです。

「１９６０年代初めに、わが国は外国人労働者にドイツに来るよう呼びかけ、彼らはいまもわが国に住んでいます。私たちは〝彼らはとどまることはない、いつかいなくなるだろう〟と軽く考えていましたが、そうはならなかった。多文化社会を構築し、共存するというアプローチは、完全に失敗しました」

身内の集会で本音が出たのでしょう。大手メディアはもちろん彼女をバッシングし、彼女は「ドイツが移民を歓迎しないという印象を与えてはならない」と発言を修正しました。

２０１５年、シリア内戦で発生した難民が、シリアからトルコへ、さらにはＥＵ加盟国のギリシアへと流れ込みました。ヨーロッパ難民危機の発生です。

彼らから手数料を取って越境を手引きするブローカーも暗躍し、難民を偽装してＥＵ圏内で職を得ようとする出稼ぎ労働者もたくさんいたのです。「難民」は政治難民のことで、本国で迫害され、あるいは戦争被害で逃げてきた人たちで、難民条約で保護されています。「移民」とは経済難民のことで、より良い生活を求めて移住する人で、受け入れるかどうかは受け入れ国が決めます。ですが実際は自己申告なので、「私は難民です」と申告して保護を求める不法移民が後を絶ちません。

彼らは列車で、あるいは徒歩で、最も賃金が高いドイツへと向かいました。メルケル政権は彼らを「歓迎」して見せ、受け入れ施設を整えました。しかしそのツケは、納税者であるドイツ国民に転化され、その一方で都市部の治安が急速に悪化しました。2016年の年越しを祝うケルンとハンブルクの街では、1000人以上の若い女性が、アラブ系・北アフリカ系の集団による性被害に遭いましたが、大手メディアはこれをほとんど報道しなかったのです。

「多文化共生は完全に失敗」と認識していたメルケル首相が、なぜ1年で110万人もの難民受け入れを許したのか？

おそらくそこには2つの要因があるでしょう。

一つは、安価な労働力の受け入れを求める財界の圧力。もう一つは、ドイツの行きすぎたポリコレです。

ナチス時代の極端な人種差別の反省から、敗戦後のドイツでは、逆に極端な「反差別」の風潮があるのです。「難民受け入れ制限は差別だ！」「難民・移民が起こした犯罪を報道するのは差別だ！」と叩かれるので、マスメディアも企業も政治家も、難民・移民問題に対しては腫れ物に触るような対応になってしまったのです。

もともと移民推進派の社会民主党（ＳＰＤ）はもちろん、中道右派といわれたキリスト教民主同盟（ＣＤＵ）も、移民・難民問題に関しては「五十歩百歩」なのはそのためなのです。

Q44．急成長する「ドイツのための選択肢」は極右政党なのか？

このような閉塞状況の中で、旧来の二大政党に失望し、「不法移民反対、ドイツ人の生活を守れ」と訴える運動が起こりました。スキンヘッドのネオナチではなく、普通の市民運動として、です。そして、その代表が、**「ドイツのための選択肢／ＡｆＤ（アーエフデー）」**です。

２０１３年、ユーロ危機をきっかけにベルリンで結成され、ＥＵからのドイツの主権回

復、共通通貨ユーロからの離脱とドイツ通貨マルクの復活、移民は熟練労働者だけに制限、難民は受け入れ人数を制限、ジェンダーフリー政策の停止などを掲げています。

その一方で、「熟練労働者は歓迎する」「性差別や人種差別に反対する」とポリコレに配慮した慎重な選挙活動を進めてきました。

大手メディアは「極右政党のＡｆＤ」と報道し、選挙前の討論番組にもＡｆＤだけ招かないなど、さまざまな妨害を行いました。それにもかかわらず、旧東ドイツ地域を中心に地方選挙で得票率を伸ばし、特に２０１５年の難民危機以降は大躍進を遂げました。

ドイツの選挙法では「５％条項」という規定があります。得票率が５％に満たないミニ政党は、得票ゼロとカウントされる仕組みです。これは、ミニ政党として始まったナチスが政権を取るまで躍進した反省から、極端な主張をする政党を排除するための規定です。

ＡｆＤは、２０１４年の州議会選挙でこの５％の壁を突破し、２０１７年には連邦議会（国会）選挙で５％の壁を破って議席を得たばかりか、一気に第3党に躍り出ました。

新型コロナ・パンデミックに対してＡｆＤは、ロックダウンやワクチン接種の強制に反対し、既成政党とは一線を画しました。

しかし急激な党勢拡大にともない、さまざまな勢力が党内に入ってきます。ドイツでは、イスラム教徒排斥を掲げる「ベギータ」、ビスマルク時代の帝国復活を唱える「帝国市民／ライヒスビュルガー」などの急進派が活動しており、AfDは幹部がこれらの集会に参加しないよう注意喚起していたほどでした。

２０２２年12月、ドイツの治安当局は、「帝国市民」によるクーデタ計画が発覚したとして一斉検挙を行い、25名が逮捕され、大量の武器が押収されました。その中にはドイツ連邦軍の退役軍人や、特殊部隊の現役隊員もいたので、衝撃を与えました。

警察発表によれば、彼らは「敗戦後のドイツは主権国家ではなく、いまだに戦勝国の管理下にある傀儡《かいらい》政権である」とし、連邦議会を襲撃してショルツ首相を殺害、新政権を樹立する計画でした。国家元首には、元貴族ロイス公爵家の血を引く実業家「ハインリヒ13世」を擁立し、内務大臣には前年まで連邦議会の女性議員だったAfDのマルザック＝ヴィンケマンが予定されていました。

この事件はAfDとは無関係ですが、AfDのイメージに深刻な影響を与えました。前年1月6日に発生したアメリカ連邦議会襲撃事件が、「トランプ支持者によるクーデタ未遂」と報道され、「トランプ支持者＝極右陰謀論者」というイメージ操作がいまも続いていることとよく似ています。事件は実際に起こり、その中に過激派がいたのが事実ですが、そうでない人たちまで一括りにして、レッテル貼りをするという図式がそっくりなのです。

Q45. なぜ、ドイツはウクライナに戦車を供与したのか？

ドイツが他国への軍事支援に関して消極的だった理由は、第二次世界大戦の記憶です。独ソ戦だけでも両国合わせて数千万人という規模の犠牲者を出して敗れ、戦争責任を負わされました。日本とは違って国防軍を持ち、NATOにも加盟しましたが、そうした過去への反省から、殺傷能力の高い戦車の他国への供与を見送ってきたのです。

ところが、メルケル政権のあとを引き継いだ社会民主党（SPD）のショルツ首相は、2023年1月下旬、ウクライナに戦車を供与することでアメリカと合意しました。アメリカは「M1エイブラムス」31両、ドイツは「レオパルト2－A6」14両です。

ウクライナの国土は、森林などが少なく平原が大部分を占めています。ロシア軍から占領地を奪還するためには、地雷や塹壕を突破できる戦車が欠かせません。これまでウクライナは、旧東欧圏のチェコやスロバキアなどから戦車の供与を受けてはいたものの、旧ソ連製の数世代前の〝型落ち〟でした。

新しく米・独から供与される戦車は、いずれも最新鋭のタイプです。実際に戦車が供与されるまでには数か月かかり、操縦する兵士も訓練をする必要があります。戦況に一定のインパクトを与える可能性があります。

ドイツがウクライナに供与を表明した戦車レオパルト２‐Ａ６は、ＮＡＴＯ諸国に約２０００両が提供されている最新鋭戦車です。

アメリカのバイデン政権は、ウクライナにレオパルト２‐Ａ６を供与するようにドイツに圧力を強めていました。ドイツ国内でも、供与を認めるべきだとの声が高まります。

そして、２０２３年に入って、**イギリスとアメリカが戦車の供与を決定し、フランスも軽戦車の供与をマクロン大統領が表明したことで、ドイツは追随を決めた**のです。

ドイツのキール世界経済研究所というシンクタンクは、ウクライナに対する国・地域別の支援状況を発表しています。２０２２年11月時点では、主要国の総支援額１１３１億ユーロ（約16兆円）のうち、１位は米国で全体の約42％。２位はＥＵの関連機関、３位イギリス、４位がドイツとなっていますが、各国の国内総生産（ＧＤＰ）に占める支援の割合ではドイツは10位でした。**「ＧＤＰの規模の大きさの割には支援額が少ない」という批判**

が、ドイツに対して向けられていたのです。

また、**ドイツはウクライナ戦争の勃発後も海底ガスパイプラインのノルドストリームを通じてロシア産天然ガスを買い続けています。ガス代金は当然、ロシアの軍事費に転用されているでしょう。その負い目から、ドイツはウクライナ支援の実績をアメリカにアピールする必要があり、最新式戦車の供与に踏み切った**のだと思います。

日本では岸田文雄首相が、防衛予算の倍増を決断しました。自民党の中でも宏池会《こうちかい》という護憲派の派閥で育てられた岸田氏が、急に「タカ派」になったのは奇怪で、アメリカの圧力としか考えられません。日本とドイツは、同じ立ち位置にいるのです。

なお、「ドイツとロシアとの絆」ともいえるノルドストリーム1とノルドストリーム2は、2022年の9月26日に爆破されました。

現場海域を経済水域とするスウェーデンとデンマークが、ガスを輸入しているドイツと共同調査を行い、合計4本のうち3本が損傷していることを確認しました。共同調査への参加を求めたロシアに対しては、「国家安全保障上の理由」から拒否しています。

ベトナム戦争報道でピュリッツァー賞を受賞したアメリカのジャーナリスト、シーモア・ハーシュは、「バイデン政権の国家安全保障チームが、数か月準備して実行したものである」という暴露記事を書き、大騒ぎになりました。関係者からのリーク情報として証拠は提示しなかったものの、ノルドストリームの地政学的意味を考えると、さもありなんと思えます。

もちろん、バイデン政権は全面否定しています。ただし、ロシアのウクライナ侵攻が始まる１か月前の２０２２年１月にドイツを訪問し、ショルツ首相と歓談したバイデン大統領は、「ロシアが侵攻すれば、ノルドストリーム２を終わらせる」「われわれにはそれが可能だ」と答えている事実は、否定できません。

Q46. なぜ、フランスで「極右」が台頭しているのか？

ウクライナ戦争のさなか、フランスで大統領選挙が行われました。２期目を目指すマクロン大統領に挑戦したのが、初の女性大統領を目指すマリーヌ・ルペンです。

彼女が率いる国民連合は、「ＥＵ離脱、ＮＡＴＯ軍離脱、移民の制限、反グローバリズム、国民経済の復活」を掲げ、マスメディアから「極右」呼ばわりされてきました。ドイツにおけるＡｆＤと同じ立ち位置なのです。父親のルペンが立ち上げた「国民戦線」は反ユダヤ主義を掲げるキワモノ政党でしたが、娘のマリーヌは父親を排除してより穏健な「国民連合」に改組し、ドイツ同様に不法移民の急増に悩み、グローバル化一辺倒の既成政党にうんざりしたフランス国民に、じわじわと支持を広げました。

ルペンの政権奪取に恐怖した既成政党側が統一候補に擁立したのが、ロスチャイルド系の投資銀行から政治家に転じたマクロンでした。

2017年の大統領選挙では過半数を制する候補がないため上位2名の決選投票となり、マクロン66%、ルペン33%で、マクロンが制しました。マクロン政権は基本的に投資家に利益を与え、フランス経済を活性化した半面、貧富の格差を拡大しました。2018年、燃料価格の高騰に反発するトラック運転手が起こした「黄色いベスト」運動は、反マクロン運動として数万人の抗議運動に拡大し、機動隊も出動しました。このような世論をすくい上げたのが、ルペンの国民連合だったのです。

もともとルペンは、多国籍企業からロシアの国民経済を守ったプーチンの手腕を高く評価していました。ウクライナ戦争が始まると、ルペンはロシアの侵略を非難しつつも経済制裁には反対し、アメリカとともにウクライナ支援を明確にするマクロン政権とは一線を画しました。

2022年の大統領選挙は決選投票でマクロン58%、ルペン41%と前回よりも接戦となりました。再戦を果たしたマクロンも薄氷を履《ふ》む思いだったでしょう。

ドイツと違ってフランスは原発大国であり、ロシアに経済的な弱みを握られているわけではありません。米英が推し進めてきたグローバリズムに対してストップをかける、という点において、ルペンはプーチンと同じ側に立とうとしているのです。

ハンガリーのオルバン政権（2010年〜）、イタリアのメローニ政権（2022年〜）など、反グローバリズム政権がヨーロッパ各国で生まれています。これは**「国境なきヨーロッパ」という美しく、壮大な実験の「負の遺産」を背負わされた人々の、必死の抵抗**なのです。

Q47. なぜ、イギリスはロシアに対して〝強硬〟なのか？

ウクライナへの軍事支援に関して、腰が引けているドイツとは対照的に、イギリスは当初より積極的な関与を見せていました。

ロシアの侵攻が開始されてから、ウクライナの首都キーウ（キエフ）を訪問した最初の外国首脳は、ポーランド、スロヴェニア（旧ユーゴ）、チェコの首相でした。この3首相は、侵攻後1か月足らずの時期に揃って訪れました。戦地に近い東欧の危機感が、西欧より高いことがうかがえます。

そしてヨーロッパの大国の首脳として侵攻後に初めてキーウを訪れたのは、イギリスのボリス・ジョンソン首相（当時）でした。

ジョンソン首相は、すでに訪問前にウクライナへの武器供与を発表していました。さらに、会談後の記者会見で、対空ミサイル・システムと対戦車ミサイルを含む、追加支援を表明しました。

これ以降、積極的な支援を続け、金額、内容ともにアメリカに次ぐ規模となっています。主要国で最新鋭の戦車の供与を初めて表明したのもイギリスです。

2022年6月には、イギリス陸軍のトップがウクライナ情勢を踏まえて、「イギリスを防衛するため、地上戦に参戦し勝利する準備を整えなければならない」と発言したことを、イギリスの公共放送であるBBCが報じました。ウクライナ戦争への関与という点において、ヨーロッパの大国の中では、イギリスが抜きん出ています。

じつは、**歴史的にイギリスはロシアを最も警戒してきた**のです。そもそも、イギリス地政学の生みの親であるマッキンダーが「ロシア封じ込め」の最初の提唱者でした。イギリス政府がこれを採用して、ロシア革命後の対ソ干渉戦争（シベリア出兵）を主導しました。

その背景には、ロンドンの金融センターであるシティがイギリス政府と一体化しており、大英帝国の海外権益をロシアの脅威から守りたいという動機がありました。

第二次世界大戦後、孤立主義に戻ろうとするアメリカをソ連との冷戦に引きずり込んだのもイギリスのチャーチルでしたし（ポツダム会談、鉄のカーテン演説）、イギリスの対外情報機関ＭＩ６《エムアイシックス》は、ソ連を最大のターゲットとしてＣＩＡと情報交換してきました。

イギリスにとっての悪夢は、ランドパワー同士のロシアとドイツが手を組むことです。

その意味で、**ノルドストリームは邪魔であり、ウクライナ戦争でドイツがウクライナに兵器を供与し、戦争が長期化するのは、歓迎すべきこと**なのです。

イギリスがロシアに対して強気の姿勢をとることができるもう一つの理由は、**エネルギー事情**です。

前述したように、ヨーロッパのエネルギーはロシアの天然ガスに大きく依存しています。しかしイギリスには、北海油田があります。

北海油田は、イギリス、デンマーク、ノルウェー、オランダに囲まれた北海海域にある油田です。大小さまざまな油田がありますが、主要なものはイギリスとノルウェーの経済水域の境界線近くに集中しています。

イギリスは、1960年代から北海油田の開発に取り組み、エネルギー自給率が100%を超えた時期もありました。1980年代から2000年代初頭にかけては、原油の輸出国だったのです。

その後、北海油田は枯渇が続き、イギリスの原油生産量は減少していきますが、エネルギー自給率は7割程度をキープしています。つまり、ロシアの天然ガスに頼る必要はありません。

シーパワーのイギリスとランドパワーのロシアは、長い対立の歴史があります。ウクライナ戦争で、その対立関係はアップデートされたといえるでしょう。

Q48. なぜ、イギリスは〝親中〟に傾いたのか？

2022年、イギリス初の非白人の首相が選出されました。リシ・スナク氏、インド系の両親を持つ人物です。

ゴールドマンサックスから政治家に転身した金融エリートで、フランスのマクロン大統領とも似ています。旧イギリス植民地のインドでは、「ついにインド系がイギリス首相になった」と歓迎しました。

スナク首相は、対ロシア政策では歴代政権を受け継ぎ、就任早々、ウクライナのキーウを訪れてゼレンスキー大統領と会談し、追加の軍事支援を表明しています。

じつは、それ以上に注目を集めたのは、その直後に行われた首相として最初の外交方針演説です。「英中関係の〝黄金時代〟は終わった」とはっきりと発言したのです。これは、従来の対中政策を１８０度転換するものでした。

イギリスから見てロシアは「敵」ですが、中国は「投資先」でした。１９８０年代にサッチャー首相が香港返還に応じたのも、小さな島の利権を保持することより、中国本土の市場を確保することのほうが重要だったからです。

イギリスが親中政策を明確にしたのは、キャメロン政権時代です。

保守党のキャメロン首相は２０１６年６月、ＥＵからのイギリスの離脱（ブレグジット）の是非を問う国民投票を実施したことで知られています。ブレグジットは移民受け入れに歯止めをかけるのが目的でしたが、**ＥＵ市場への無関税参入ができなくなるというデメリ**

ットがありました。その代わりに中国市場へ本格参入しよう、というわけです。

習近平政権が「一帯一路」の金融センターとして北京に創設したアジアインフラ投資銀行（ＡＩＩＢ）への参加を呼びかけたとき、西側主要国の中ではいち早く参加したのがイギリスでした。

２０１５年10月には習近平主席を国賓として招きました。中国の国家主席がイギリスを訪問するのは、２００５年の胡錦濤以来10年ぶりでした。エリザベス女王主催の晩餐会を開き、バッキンガム宮殿に宿泊させるという異例の厚遇で迎え、英中の首脳会談後の記者会見で、英中関係の「黄金時代」の到来を宣言しました。

なお、このときに習近平が赤絨毯《じゅうたん》を要求するなど傲慢な振る舞いが目立ったため、エリザベス女王が「あれは本当に酷かった……」と愚痴ったことも話題になりました。

それ以降、中国による南シナ海の要塞化や、香港の民主化運動弾圧で英中関係は冷え込みました。２０２１年、ジョンソン首相は日本主導のＴＰＰ（環太平洋パートナーシップ協定）への参加交渉を開始し、また南シナ海の航行の自由を守るため、アメリカ・オーストラリアとの新たな軍事協定ＡＵＫＵＳ《オーカス》を締結し、オーストラリア海軍の原発保有を支援すると発表しました。

これを受けて**スナク首相は、中国を「イギリスの敵対勢力」であり、「長期的な視点を持って対抗する必要がある」と、これまでになかった厳しい表現で糾弾した**のです。**スナク政権の方針転換の真意や背景は、まだ明らかになっていません。**もともと中国に対して融和的なコメントが目立ったスナク首相が、野党の労働党や足下の保守党からの中国に対する不満に配慮した、という見方もあります。

スナク首相は、実質的な首相選挙である保守党の党首選前に、次のような公約を発表しています。イギリス国内30か所にある中国共産党の事実上の宣伝機関「孔子学院」の閉鎖、情報機関ＭＩ５による中国の産業スパイの摘発、サイバー空間での中国の脅威への対処、イギリスのハイテク企業を中国に買収させない、などです。こうした公約がどこまで実現されるのかで、中国への強硬姿勢の本気度が判明するでしょう。

Q49．なぜ、イギリスと日本は相性がいいのか？

イギリスと日本の関係には、新たな動きもあります。

２０２３年１月、スナク首相は、ロンドンを訪問した岸田首相と「日英円滑化協定（Ｒ

ＡＡ）」を締結しました。これは自衛隊とイギリス軍が共同訓練をするときの対応を定めたものです。

日本が円滑化協定を結ぶのは、オーストラリアに次いでイギリスが2か国目です。すでに、２０２１年にイギリスの空母「クイーン・エリザベス」と自衛隊が、沖縄南方の海域で共同訓練を行った実績もあります。また、イタリアも加えた3か国で航空自衛隊の次期戦闘機の共同開発をすることも決まっています。

歴史を振り返れば、イギリスは、近代の日本の安全保障に深く関わってきました。幕末にイギリスが薩摩と長州に武器を提供し、明治維新を迎えたことから、明治政府は、帝国海軍の編成をイギリスに倣って組織しました。

日英同盟は、ロシアの南下政策を食い止めるために締結され、日本は日露戦争に勝利しました。第一次世界大戦では共に戦勝国となっています。「日本はイギリスの手駒にされた、いまのウクライナと同じ」という見方もできますが、イギリスの支援なしでは日露戦争に勝算はなく、よくてロシアの保護国に、へたすればロシアに併合されていたことでしょう。

明治・大正時代の日本は独立を維持するため、当時の覇権国家イギリスのアジア地域での先兵というか、〝使い走り〟をしていたわけですが、イギリスと組んだときには、お互いに大きな失敗をすることはありませんでした。その理由は、地政学的な相性のよさです。

両国とも大陸のオフショア（沖合）に位置している、典型的なシーパワー国家です。**シーパワーは、海外との通商、経済活動の自由を重視し、貿易によって国家を支える傾向にあるため、「どうすれば利益が得られるのか」という経済合理性が優先されます。**

シーパワー同士が連合を組むことで、このような特質がより活かされることになるのです。国境を接するランドパワーが潜在的な敵対関係にあるのとは対照的です。

冒頭で紹介した日英円滑化協定は、ちょうど120年前の1902年1月に締結された〝日英同盟の復活〟という見方もされています。対中政策を大きく転換したイギリスと日本が、今後、具体的にどういった連携を実現できるのか、注目に値します。

Q50．なぜ、トルコは北欧諸国のNATO加盟に反対したのか？

2022年5月、ウクライナ戦争をきっかけとしてスウェーデンとフィンランドはNA

TOへの加盟を申請しました。両国にとって、安全保障政策の大きな転換です。スウェーデンは、19世紀初頭のナポレオン戦争を最後に、過去200年以上にわたって他国と軍事同盟を結ばず、2度の世界大戦でも中立を堅守しました。

フィンランドは、ロシアとの国境線が全長1300㎞に及びます。第1章で触れたように、第二次世界大戦の最中、ソ連・フィンランド戦争で大きな被害を受けました。戦後は、ロシアとの対立を回避するためNATOに加盟せず、中立を宣言しました。

それがウクライナ戦争で状況が一変し、両国は同時に加盟を申請したのです。しかもNATOは、約1か月という異例のスピードで承認しました。

しかし正式に加盟するためには、NATO全加盟国の承認が必要になります。スウェーデンとフィンランドの申請については、ハンガリーとトルコが反対を表明していました。

ところが、ロシア寄りと目されていたハンガリーのオルバン首相は方針転換を明言し、両国の加盟を認める姿勢を打ち出しました。その結果、反対国はトルコだけになりました。トルコが反対している〝表面上〟の理由は、トルコ政府と対立しているクルド分離主義組織「クルディスタン労働者党(PKK)」を、スウェーデンとフィンランドが支援しているためです。

ＰＫＫは、クルド人のトルコからの分離・独立を目指して、１９８０年代頃からトルコだけでなく、さまざまな国で武力闘争を繰り広げています。クルド人については少数民族というイメージがありますが、じつは人口約３０００万とされており、「国を持たない最大の民族」といわれています。

トルコ政府は長年にわたり、ＰＫＫをはじめとするクルド人武装組織への取り締まりを強めてきました。多くのクルド難民がヨーロッパに流れ込んでいるのです。北欧諸国は難民には寛容で、特にスウェーデンは積極的に受け入れてきました。中にはＰＫＫの活動家も含まれており、彼らの引き渡しを求めるトルコ政府に対し、政治亡命者だから引き渡さない、と両国は突っぱねてきたのです。

トルコはフィンランドについては加盟に賛成する意向を示しましたが、スウェーデンの加盟に対しては、ＰＫＫとの距離の置き方が不十分だということで難色を示しています。**トルコがスウェーデンのNATO加盟に反対する〝真〟の理由は、ロシアとの関係を損ないたくないから**です。

地政学的に、トルコは日本と同じ位置にあります。**ランドパワー勢力が、海洋進出するのを阻む防波堤**なのです。日本海のウラジオストク軍港を出港したロシア艦船は、宗谷海峡、津軽海峡、対馬海峡を通過して太平洋に出ます。米軍はここを監視すればよいのです。

黒海のセヴァストポリ軍港を出港したロシア艦隊が地中海に出るルートは、トルコが管理しているボスフォラス海峡を通るしかありません。

19世紀からはイギリスがトルコを同盟国とし、第二次世界大戦後はアメリカがトルコをNATOに加え、海峡封鎖権を握ってきました。

現在、モントルー条約によりボスフォラス海峡は国際海峡とされ、平時には外国の軍艦が通過することを認めていますが、戦時にはトルコ政府の判断で閉鎖できます。ウクライナ戦争が始まるとすぐに、トルコ政府はロシア軍艦の海峡通過を禁じました。

その一方、トルコの愛国者でイスラム主義者でもあるエルドアン大統領は、トルコの対米従属に不満を持ち、ロシアのプーチン大統領に心を寄せてきました。だからトルコはロシアに対する経済制裁には加わらず、ロシアから石油やガスの供給を受け続けているのです。

逆にプーチンは、エルドアンなら懐柔できると考えており、できればトルコをNATOから引き離したいと考えています。つまり、**現在のトルコは、ロシアからもアメリカから**

もラブコールされるという都合のよい立場を維持したいのです。

スウェーデンのＮＡＴＯ加盟承認というカードを切れば、ロシアとの関係が悪化します。天然ガスの供給に支障が出るかもしれません。そのリスクを補う見返りをアメリカが与えない限り、トルコは動かないでしょう。

第7章

存在感を増すインドとイラン

Q51．インドが世界的に注目される理由とは？

国際社会でインドの存在感が増しています。

2023年に入って早々、インドの人口が年内に中国を抜いて世界一になる見通しであることを国連が発表しました。

国連のデータによると、2022年の中国の人口は14億2600万人、インドは14億1200万人。中国は、長年にわたる「一人っ子政策」の影響もあって少子化が進み、2023年に人口が減少に転じます。対して、インドの人口増加は続き、2023年内にインドが中国を追い抜くという予測です。

ところが実際は、すでに**人口の逆転が起きている**ようです。中国国家統計局は、2022年末の人口は14億1175万人で、前年末比で85万人減少したと発表しました。「一人っ子政策」の構造的な要因に加え、「ゼロコロナ政策」が出生率の低下に拍車をかけた、としています。すでに中国の人口は減少に転じていたのです。

国連のデータが残っている1950年代以降、ずっと続いていた「人口世界一は中国」という時代は終わりました。

さらに、**インドと中国の差は時間の経過とともに広がり、２０５０年には、インドは16億人を超え、中国は13億人強に減る**とみられています。

２０２３年９月には、インドが議長国となって、Ｇ20サミット（主要20か国・地域首脳会議）が首都ニューデリーで開催されます。さらに、同年に開催が予定されている、中国とロシアが主導する「上海協力機構（ＳＣＯ）」首脳会議の開催国にもなっています。**インドが国際政治の表舞台の主役となるイベントが、続々と開催される**のです。

人口増加とともに、インドの経済力は近年急速に伸びています。ＩＭＦ（国際通貨基金）のデータによると、ＧＤＰ（国内総生産）の２０２２年国別ランキングでは、アメリカ、中国、日本、ドイツに次いで、インドは５位にランクインしています。あと10年足らずで、日本を抜いて３位になることが予想されています。すでに防衛費は、アメリカ、中国に次ぐ３位です。

インドは安全保障政策において、「全方位外交」を掲げてきました。日本やアメリカなどとの関係を強化する一方、ロシアから主要兵器の半分を購入しています。ウクライナ戦争のロシア制裁にも加わっていません。むしろロシア産原油の輸入量を急増させています。

このように、インドは国際政治の場で独特のポジションを維持しています。経済面での存在感が増大するとともに、政治面での影響力もさらに高まるでしょう。

Q52. なぜ、インドは「全方位外交」になったのか？

インドが「全方位外交」になった背景を地政学の観点で解説しましょう。

1947年8月、イギリス領だったインド帝国が解体し、ヒンドゥー教徒主体のインドと、イスラム教徒主体のパキスタンに分かれてそれぞれ独立しました。

しかし、この分離独立の時点で、イスラム教徒の多いカシミール地方がインドに帰属することになったため、インドとパキスタンの間で衝突が生まれました。その結果、印パ戦争と呼ばれる武力衝突が3次にわたって発生したのです。

印パ戦争では、相対的な国力で劣るパキスタンがつねに劣勢となります。そこでパキスタンはアメリカに支援を仰ぎます。アメリカからすれば、ソ連がインド洋方面へ南下するのを止める防波堤としての価値をパキスタンに見出し、これを支援しました。西欧諸国との軍事同盟NATOのインド洋版として、中東条約機構（METO）を組織し、パキスタンはその要になったのです。

パキスタンの親米化を牽制するため、インドは中国に接近しました。ネルー首相が周恩来首相と会見して平和五原則を掲げ、「非同盟」と「反帝国主義」（＝反米）に舵を切りました。

ところが、中国の毛沢東政権がチベットを武力で併合してしまいます。チベット仏教の最高指導者でチベットの君主でもあったダライ・ラマ14世はヒマラヤ山脈を越えてインドへ亡命し、その身柄の引き渡しを求める中国とインドは敵対関係に転じたのです。

さらに、中国がチベットを併合したことによって、インドと中国は国境を接することになりました。英領インド時代にイギリスの外交官マクマホンが、チベット政府との協定で確定した国境線をマクマホン・ラインといいますが、毛沢東はこれを認めず、インド領内へ侵攻しました（1962年、中印国境紛争）。いまだに、中印の国境は確定せず、たびたび衝突が起きています。つまり、インドからみて、「アメリカも中国も敵」となったのです。

結局、インドは直接の利害関係のないソ連と組むことになります。ソ連製の武器を大量に購入し、ソ連の協力で核開発に成功しました。インドとロシアとの蜜月関係には、こうした歴史的背景があるのです。

インドの全方位外交は、自国の利益を最大化するため、直面する問題ごとに連携する相手を変えるという現実主義的なものです。

ただし、そこには、「**敵の敵は味方**」「**隣国同士は敵**」**という、典型的な地政学の考え方が明白に反映されている**ということなのです。

一方、パキスタンはインドを牽制するため、中国にも接近するようになりました。中国からパキスタンを見れば、インド洋へ抜けるルートが確保できます。中国からの技術支援を受けたパキスタンは、1998年に核実験に成功しました。中国は、「一帯一路」を名目としてミャンマー、バングラデシュ、スリランカにも莫大な経済援助を与えて懐柔し、インドを包囲する体制を構築しつつあります。これを（インドを締め上げる）「真珠の首飾り」といいます。

Q53.「QUAD（クアッド）」にインドが参加した目的とは？

インドの全方位外交は、友好国だった旧ソ連の崩壊によって揺らぎました。中国の軍事的な脅威が高まったため、アメリカに接近せざるを得なくなったのです。

「非同盟」の建前は堅持しつつ、アメリカとの実質的な同盟関係に入ったことを示す象徴的なできごとが、インドの「ＱＵＡＤ（クアッド）」参加でした。

ＱＵＡＤとは「４」を意味するラテン語です。日本、アメリカ、オーストラリア、インドの４か国で、安全保障や経済を協議する枠組み（日米豪印戦略対話）のことです。

ＱＵＡＤ構想の原型は、日本の安倍晋三元首相が唱えた「自由と繁栄の弧《こ》」「自由で開かれたアジア・太平洋戦略」でした。

２００７年にインドの国会で演説した安倍さんは、こう呼びかけました。

「日本とインドが結びつくことによって、〝拡大アジア〟は米国や豪州を巻き込み、太平洋全域にまで及ぶ広大なネットワークへと成長するでしょう。開かれて透明な、ヒトとモノ、資本と知恵が自在に行き来するネットワークです」

ここに、中国が入っていないことがポイントです。

まず、日本とインドが連携し、アメリカ・オーストラリアを巻き込んで中国の海洋進出を抑えようと訴えたのです。安倍晋三という人が、地政学的な世界戦略を持った、近年稀に見る指導者であったことがよくわかります。

NATOのような共同防衛義務を持つ軍事同盟ではありませんが、インド洋での米印合同軍事演習「マラバール」に海上自衛隊とオーストラリア海軍が参加するなど、着々と実績をあげてきました。

日本で民主党政権が続いた3年間は頓挫しましたが、2012年、第二次安倍政権の発足直後、安倍さんは国際NPO団体に「アジアの民主主義的セキュリティ・ダイヤモンド構想」という英語論文を寄稿します。

この中で、安倍さんは、「成熟した海洋民主国家である日本は、オーストラリア、インド、米国ハワイと連携を強化し、インド洋地域から西太平洋に広がる海洋権益を保護するダイヤモンドを形成する必要がある」と述べました。

地図上で、日本とインド、オーストラリア、ハワイ諸島を結ぶと、ひし形の四角形が描けます。**「安全保障ダイヤモンド構想」とは、「対中包囲網の構築」**なのです。

この提案にインドのモディ首相が賛同しました。2014年に行われた日印首脳会談で、両国の外務・防衛閣僚会議（2プラス2）の設置で合意したのです。

その後、アメリカ大統領選挙でトランプが当選確実になると、安倍さんはニューヨークのトランプタワーに飛んで安全保障ダイヤモンド構想をみずから説明し、トランプの賛同を得ることに成功しました。トランプ政権の対アジア戦略は、こうして固まったのです。

安倍さんの退陣後、残念ながら日本外交はもとの「受け身」に戻ってしまいました。元首相として安倍さんには、たとえば特使という形で活躍する場もあったのですが、2022年に非業の最期を遂げられたことは痛恨の極みです。ただ、安倍外交の遺産は、QUADという形ですでに動き出しており、これを止めることはできません。

Q54. インドが親日国である理由とは?

インドのモディ首相と安倍元首相とは、個人的な信頼関係がありました。

モディ首相は、インド西部のグジャラート州の首相を長らく務めており、日本はグジャラート州に以前から活発な投資をしていました。グジャラート州首相時代から、モディ氏と安倍さんは会談をするなど、友好的な関係があったのです。

2022年7月、安倍元首相が凶弾に撃たれて死去した際、モディ首相は国を挙げて弔意を表すため、インド全土に半旗の掲揚を指示しました。このような行動をとった国は、インド以外にありません。

インドが親日国である理由は、過去の歴史にも辿れます。

第二次世界大戦中、「インド国民軍」が存在しました。非暴力主義のガンディーに対し、武力によってイギリスからの独立を目指すチャンドラ・ボースが、海外在住のインド人を義勇兵として組織した軍隊です。ボースは、東南アジアを占領していた日本軍に支援を仰ぎ、東京での大東亜会議に出席し、東條英機首相とも会見しています。

日本軍は英領ビルマ（ミャンマー）を占領し、アラカン山脈を越えて英領インド帝国のベンガル地方を目指しました。このインパール作戦にインド国民軍も参加したのです。日本海軍の空母がベンガル湾に浮かび、制空権を確保していれば、作戦は成功したでしょう。しかし作戦発動は1944年。すでに日本海軍は太平洋の激戦でほぼ壊滅しており、インドの制空権を握っていたのは英軍でした。雨季に入って補給も困難になり、日印連合軍は3万人に及ぶ戦死者、餓死者を出して敗北しました。

しかし敗北したはずのインド国民軍はインド国民から英雄視されるようになり、その後の独立運動の礎となりました。日本の敗北から2年後、イギリスは200年間統治してきたインドから撤収し、インドとパキスタンの独立を認めたのです。

インドのベンガル地方出身のパル判事が、東條元首相ら日本の戦争犯罪人を裁く東京裁判で、「インドを植民地支配していたイギリスに、日本の戦犯を裁く権利はない」と「被告人無罪」の意見を出したことにも、このような背景があるのです。

モディ首相は2014年に来日したときに、インパール作戦の生き残りである元日本兵のおじいさんと写真撮影をして、ツイッターに掲載しました。

モディ首相は、2015年9月から実施された米印海上共同訓練「マラバール」に日本の海上自衛隊を招待しています。インド軍の内部では中国との関係に配慮して反対の声もありましたが、高まる中国の脅威の抑止を優先し、招待に踏み切ったのです。

2024年に、インドの総選挙が行われます。現在、高い支持率をキープしているモディ政権が続投するかどうかは、日印関係にも大きな影響があるでしょう。

Q55. オーストラリアとの「RAA」が重要な理由とは？

オーストラリアは自由党と労働党の二大政党制ですが、中国に石炭などの地下資源を買ってもらっている関係から、両党ともに親中派勢力が台頭していました。アメリカ海兵隊が駐留する北西部のダーウィン港を、中国企業に99年間租借させた（2015年）のは、その象徴的な事件でした。

オーストラリアにおける中国の影響力は、政治家への献金、大学への寄付金、マスメディアへの広告代金などありとあらゆる分野で進み、「サイレント・インベージョン（静かな侵略）」という言葉が流行したほどでした。

しかし、南シナ海への中国の力の外交が露骨になるにつれ、オーストラリアでも警戒心が高まっていきます。2021年11月には国防相が記者会見で、「台湾防衛においてオーストラリアがアメリカを支援しないことは考えられない」「台湾が奪われれば、次は当然尖閣諸島だ」といったコメントを残しています。

また、**2023年、オーストラリア国防省は中国製の監視カメラを「国家安全保障上の理由」から排除することを決定しました。**

第6章で日本とイギリスとの「円滑化協定（RAA）」について解説しましたが、日本が結んだRAAの第一弾はオーストラリアと締結されたものです（2022年）。

RAAは、自衛隊と外国の部隊が共同訓練や災害支援などで相手国を訪れる際の手続きの簡素化や、相手国内での法的地位などを規定した協定です。

岸田首相とオーストラリアのモリソン首相（当時）の共同声明では、台湾が共通の利害として記載されました。「両首脳はまた台湾海峡の平和と安定の重要性を強調し、両岸問題の平和的解決を促した」という文言がその部分です。**中国の名指しは避けていますが、明らかに中国の脅威を念頭に置いたものです。**

日本とオーストラリアが共同して、台湾の安全保障に言及したことの意味は、けっして小さくありません。

2023年2月に訪日をした、フィリピンのマルコス大統領（1986年の革命で倒されたマルコス大統領の息子）も、日本とのRAAの締結に前向きです。自衛隊とフィリピン軍による共同の人道支援や災害救援訓練に関する包括的なルールで合意に達し、RAAの締結も時間の問題と思われます。個別のRAAの活発化は、QUADと共に、インド太平洋地域の安全保障政策の新しい動きとして注目されます。

Q56．イランの台頭は、中東世界の勢力図をどう塗り替えたか？

中東のゴタゴタは、米ソ冷戦中には「イスラエル（ユダヤ）」VS「アラブ諸国」という図式でした。西側諸国が後押しするイスラエルが、アラブの親ソ政権と争っていたのです。ところが、東西冷戦でソ連が崩壊に向かったことにより、アラブの親ソ政権は後ろ盾を失い、イスラエルとの和解に動きました。エジプトがイスラエルを承認し、パレスチナ国家もイスラエルとの共存の道を選んだのです。**これらアラブ諸国に代わって、「反米、反イスラエル」の旗を掲げるようになったのが、イランです。**

イランは19世紀にイギリスとロシアによって半植民地化されました。ロシア革命以降はイギリスの支配を受け、ついでアメリカの傀儡政権が続きました。最後の国王パフレヴィー2世はアメリカから莫大な軍事援助を受ける見返りに、石油利権をアメリカの石油資本に開発させました。オイルマネーを独占した国王は、貧富の格差の拡大に無関心でした。またイランの近代化を急ぎすぎた結果、伝統的なイスラム教シーア派の価値観と衝突し、シーア派の法学者ホメイニを指導者とするイラン革命（１９７９年）で政権から追われました。

このときから、宗教指導者が率いるイラン・イスラム共和国が成立し、『コーラン』に基づくイスラム法の統治が始まります。宗教警察が市民を監視し、王政時代には問題がなかった飲酒は厳禁となり、西欧文化は否定され、女性はヒジャブ（スカーフ）着用を義務付けられました。つまり、**イランは「中東最大の親米国家」から、「中東最大の反米国家」**

中東諸国の相関図

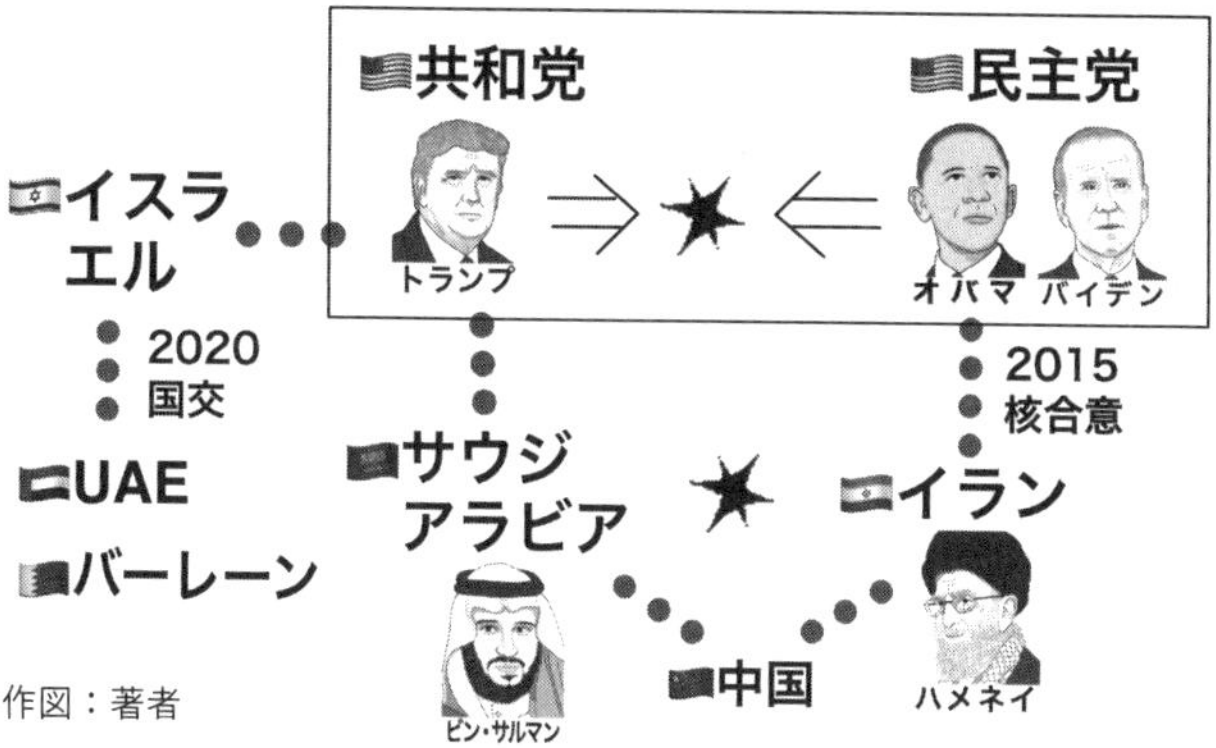

作図：著者

に転じた国なのです。

さらに厄介なのは、アラブ諸国との宗派対立です。アラブ諸国の大半は、イスラム教スンナ派です。預言者ムハンマドの血統を重んじるシーア派に対し、スンナ派は経典を厳格に守ることを重視します。特にその急先鋒をワッハーブ派といい、サウジアラビアが国教にしているほか、アルカイダやIS（アイエス）などのイスラム過激派がこのワッハーブ派です。彼らからすれば、イランのシーア派は「異端」であり、打倒すべき対象なのです。

つまり、**現在の中東における対立の図式は、かつてのような「イスラエル」VS「アラ**

ブ諸国」ではありません。「イスラエル＋アラブ諸国」VS「イラン」なのです。

Q57. アメリカの中東政策の失敗で、得をした国はどこか？

ウクライナの反ロシア勢力を支援してマイダン革命を引き起こしたアメリカのオバマ政権は、アラブ諸国では親ロシア独裁政権に対する反政府運動を支援し、「アラブの春」を引き起こしました。チュニジア、リビア、エジプトの独裁者が倒され、シリアのアサド政権だけがロシアの支援で持ちこたえています。

このシリア内戦で生まれたのがイスラム過激派組織ＩＳ（アイエス）で、捕虜や人質を残虐に処刑するシーンをネットで公開して、悪名を轟かせました。オバマのアメリカは、このＩＳの側をサポートしていたのです。

さらにオバマは、イランが密かに進めていた核開発を期限つきで事実上黙認するイラン核合意（２０１５年）に参加し、アラブ諸国のアメリカへの不信感を高めました。特にペルシア湾を挟んでイランと対峙し、国内にイランと同じシーア派住民の分離独立運動を抱えるサウジアラビアは、アメリカへの不信感を隠さなくなりました。２０１６年、サウジ当局がシーア派の指導者を処刑したことから、イランはサウジアラビアと国交を断絶します。トランプはオバマのシリア政策を誤りと認め、プーチンと協力してＩＳ（アイエス）掃討作戦を実施しました。その結果、ＩＳ政権を崩壊させ、米軍をシリアから撤収させたのです。

　また、イラン核合意から離脱してアラブ諸国を安堵させ、イスラエルとアラブ諸国との国交樹立を促しました。この結果、アラブ首長国連邦（ＵＡＥ）、バーレーン、モロッコなどがイスラエルと国交を樹立し、イランを包囲する体制を構築したのです。

　バイデン政権の登場は、アラブ諸国をふたたび不安に陥れました。イランは核開発を再開し、兵器クラスのウラン濃縮に成功します。サウジアラビアの実力者で王位継承者のビン・サルマン王子は「アメリカ、頼みにならず」と判断し、ロシアや中国に接近しました。２０２２年3月、「サウジアラビアが石油代金の受け取りにドル以外の通貨、中国の人民元でも受け取ることを検討中」とアメリカのウォール・ストリートジャーナル紙が報道しました。

　１９７１年にニクソン政権が金とドルの交換を停止したとき、基軸通貨としてのドルの価値を担保するためサウジアラビアと合意したのが「石油代金の決済はドルで行う」というペトロダラー体制です。ドル決済はニューヨークの銀行間で行われますから、アメリカはこれを使って特定の国との石油売買をストップでき、経済制裁が可能だったのです。サウジアラビアが人民元決済を認めれば、中国に対する経済制裁に抜け道ができてしまいます。これは、ドル覇権の崩壊の始まりとなる大事件です。

2023年3月、全人代（全国人民代表大会）が開催中の**北京で、サウジアラビアとイランの外相が会談し、2016年に断絶していた「外交関係の正常化」で合意しました。**仲介したのは中国の外交トップで元外相の王毅《おうき》政治局委員で、**中東政策で迷走を続けるアメリカを尻目に、中国の存在感を誇示する結果となりました。**

エネルギー資源を中東からの輸入に依存していること、中東諸国を侵略した過去を持たないことで中国と日本はよく似た立場にいます。違うのは、中国は独自の世界戦略を持ち、国益第一の外交ができるのに対し、日本の外交がつねにアメリカの意向を忖度《そんたく》し、アメリカが許可した範囲内でしか動けない、という点です。これは、ウクライナ戦争に関する日本政府の動きを見ても明らかでしょう。情けない限りです。

あとがきに代えて　覚醒しない日本の行く末

満州事変を計画・立案・実行し、稀代の戦略家として知られる関東軍参謀・石原莞爾《いしはらかんじ》中將は、『世界最終戦論』（１９４０年）の中で次のように書きました。

「二〇世紀の後半、世界は二つの超大国、アメリカと日本に二分されているだろう。両雄は対立を深め、ついには全面戦争に至る。この戦争は航空機を主力とした徹底的な殲滅戦となり、世界最終戦争となるだろう。わが日本は国土が狭く、資源も乏しい。これでは長期戦に耐えられない。世界最終戦争で生き残るために、満州を確保しておかなければならない」

満州占領はあくまでアメリカとの最終戦争に備えるためで、短期決戦で片付ける。万里の長城以南、中華民国本土には出兵してはならない、と石原は考えていました。

もし日本軍が満州占領で踏みとどまっていれば、日本は広大な土地と資源、過剰人口の移住先を確保できたでしょう。中華民国と戦うこともなく、ドイツ・イタリアと三国同盟を結ぶこともなく、ヨーロッパの戦争（第二次世界大戦）に対しては中立を保ち、あるいは連合国側で参戦して戦勝国となり、国連の常任理事国の地位を占めたでしょう。無駄な戦費を浪費せず、国力をすべて経済成長に注ぎ込み、アメリカに迫る超大国への道を歩んだかもしれません。

20世紀の後半は「米ソ冷戦」ではなく、石原が予見したように「米日冷戦」の時代になった可能性があります。日米両国はやがて核開発にも成功したでしょうから、石原の予見に反して「核抑止力」が働き、日米両国は平和共存への道に進んだかもしれません。

しかしアメリカはこのような「強い日本」を望まず、中華民国も満州奪回のため日本との対決を望み、ソ連を司令塔とする各国の共産主義勢力は日中離間、日米離間を図る計略をめぐらしていました。もちろん日本国内にも戦争による好景気を欲する財閥、ナショナリズムに訴えて大衆迎合を図る政治家が跋扈《ばっこ》していました。さまざまな変数は、やがて際限なき戦争へと日本を駆り立てました。

日本は、中華民国と、米英と、最後にはソ連とも同時に戦わざるを得ない極限状況に追い込まれ、瓦礫を残して崩壊したのです。

日本人が「大東亜戦争」、アメリカ人が「the Pacific War（太平洋戦争）」と呼んだこの戦争に敗れ、日本は史上初めて外国軍隊の完全な占領下に置かれ、武装解除されたのみならず、外国人が書いた憲法で交戦権を否定され、「大東亜戦争」という表現すら禁じられました。

連合国軍最高司令官総司令部（GHQ）の占領統治は6年で終わり、サンフランシスコ平和条約で日本は「主権を回復」しましたが、日米安保条約に基づいて米軍が駐留を続け、米軍の補助部隊として自衛隊が発足しました。アメリカ大使館がGHQの役割を代行し、歴代の自民党政権は日本列島の安全を核大国アメリカに任せ、ひたすら経済成長にいそしみました。吉田茂内閣（1946～1947、1948～1954年）から、池田勇人《はやと》内閣（1960～1964年）までは、米軍の空爆で焼け野原になっていた日本を再建し国民にメシを食わせるため、経済成長に邁進したのは正しかったと思います。

米ソ冷戦時代、日本は大きな恩恵を受けました。原油や工業原料などの資源を輸入し、それを製品化して輸出するという加工貿易によって経済成長を続けました。1960年代は、鉄鋼や船舶といった「重厚長大」型の製品を、1970～1980年代はトランジスタラジオやソニーのウォークマンに象徴される電気機器、精密機器など付加価値の高い組立型製品を主力にしました。

その結果、1970年から、米ソ冷戦が終了した1990年までの20年間で、日本の国民一人当たりのGDP（国内総生産）は、なんと約6倍にも増えたのです。これはG7の中では最大の増加率であり、西ドイツを抜いてアメリカに次ぐ世界第2位の経済大国になりました。けれども先進国の仲間入りという目標を達成した1970年代以降も、歴代自民党政権は外交安保政策をアメリカに丸投げしたままでした。

国会では「平和憲法」の護持を唱える野党が「自衛隊は合憲か、改憲か」という神学論争を繰り返し、半世紀以上を経過した日本人は、石原莞爾が持っていたような戦略的な思考そのものを失っていったのです。

東アジアの大国・日本が眠りこけていることは、アメリカのみならず中国にとっても都合のよいことでした。

ニクソン大統領訪中の下準備のため1971年に北京を訪問したキッシンジャー補佐官は、日本の「軍事大国化」を恐れる周恩来首相に対し、次のように発言しています。

「日本が独力で国防を行えば、軍備拡張で周辺諸国にとって脅威となるだろう。

現状の日米関係（日米安保体制）は実際には日本を束縛しており、もし米国が（日本を解き放つような）皮肉な政策をとれば日中の緊張を引き起こす……日本が太平洋にある米国の従順な身内だと考えるような米国人は、お人好しだ」

「日本に強力な再軍備拡張計画があるならば、伝統的な米中関係が再びものを言うだろう。

日本を自国防衛に限定するよう最善を尽くさなくてはならず、（アメリカは）日本の拡張阻止のため他国と共闘するだろう」（「産経新聞」2002年8月6日）

つまり日米安保条約は、日本を中国から守るというより、日本独自の防衛政策を取らせないための束縛装置である、とキッシンジャーは説明し、周恩来の理解を得たのです。

米ソ冷戦が終結し、クリントン政権以降の米中蜜月が現出すると、日本の政界にも与野党問わず親中派、媚中派の政治家が跋扈するようになりました。小沢一郎、鳩山由紀夫、野中広務《ひろむ》、河野洋平、二階俊博など、枚挙にいとまがありません。

近年は中国からの投資を期待して北京詣をする都道府県知事や地方議員も量産されつつあり、自衛隊の基地周辺では、中国企業による土地の買収が進み、日本の宝である豊かな森が伐採され、中国製の太陽光パネルが敷き詰められる光景が日本中で展開しています。地方の政治家はこれを止めるどころか、便宜を図って外国企業からリベートを受け取る。ついに日本は米中共同管理の様相を呈してきたのです。

ところがトランプvs習近平の「米中冷戦」が始まって以来、「従米」か、それとも「媚中」か、で浮き足立っているというのが、日本の政治家の悲しい現状です。

中国軍が尖閣諸島を脅かすたび、日本政府がアメリカ政府に「尖閣は日米安保の適用範囲か？」と確認するのは、もはや滑稽としか言いようがありません。

日本の首相はワシントンの「御用聞き」に成り下がっており、言われるままに米国債を買わされ、言われるままにミサイル防衛システムを買わされ、言われるままにワクチンを買わされてきたのです。

たしかに、日本は国連加盟国であり、他国と条約を結べますから、形式的には「主権国家」でしょう。

しかし、日本政府は多くの場面でアメリカ政府の決定に従うだけの存在でした。このような国家を「傀儡《かいらい》国家 puppet state」といいます。傀儡とは、操り人形のことです。

このことに、多くの日本人がようやく気づき始めています。

「民主主義においては、人々は自分たちにふさわしい政府を持つ」

19世紀フランスの政治思想家トクヴィルの名言です。

日本の政治家がこのような状況になってしまったのは、日本国民の大半がこうだからなのです。

カネだけ、今だけ、自分だけ。

カネになるなら安全保障とかどうでもいい。

今がよければ次の世代とかどうでもいい。

自分がよければ国とか地域とかどうでもいい。

こういう日本人が選ぶ政治家がどういう人たちになるか、いうまでもないでしょう。

だから日本国民が現状をきちんと認識し、きちんと選挙に行って、少しでもまともな政治家を選ぶことです。

遠回りのように思えて、これが一番の近道なのです。

2023（令和5）年3月

茂木　誠

著者略歴

茂木誠（もぎ・まこと）

東京都出身。駿台予備学校、ネット配信のN予備校で大学入試世界史を担当。東大・一橋大など国公立系の講座を主に担当。世界史の受験参考書のほかに、一般向けの著書として、『世界史とつなげて学べ 超日本史』『感染症の文明史』（以上、KADOKAWA）、『経済は世界史から学べ！』（ダイヤモンド社）、『「戦争と平和」の世界史』（TAC出版）、『テレビが伝えない国際ニュースの真相』（SB新書）、『バトルマンガで歴史が超わかる本』（飛鳥新社）、『ジオ・ヒストリア』（笠間書院）ほか多数。YouTube「もぎせかチャンネル」でも発信中。

連絡先：mogiseka.com

SB新書　618

ニュースの“なぜ？”は地政学《ちせいがく》に学《まな》べ

日本人《にほんじん》が知《し》らない57の疑問《ぎもん》

2023年5月15日　初版第1刷発行

著　　者　茂木 誠
発 行 者　小川 淳
発 行 所　SBクリエイティブ株式会社
〒106-0032　東京都港区六本木2-4-5
電話：03-5549-1201（営業部）

装　　幀　杉山健太郎
編集協力　松岡賢治
特別協力　神谷宗幣
D T P　アーティザンカンパニー株式会社
図版製作　株式会社ローヤル企画
編　　集　鯨岡純一（SBクリエイティブ）
印刷・製本　大日本印刷株式会社

本書をお読みになったご意見・ご感想を下記URL、
または左記QRコードよりお寄せください。
https://isbn2.sbcr.jp/19916/

落丁本、乱丁本は小社営業部にてお取り替えいたします。定価はカバーに記載されております。
本書の内容に関するご質問等は、小社学芸書籍編集部まで必ず書面にて
ご連絡いただきますようお願いいたします。

ISBN 978-4-8156-1991-6

日本と世界の成り立ちや思惑を読み解ける！　いちばんやさしい地政学の入門書
20歳の自分に教えたい地政学のきほん
池上彰＋「池上彰のニュース そうだったのか!!」スタッフ

誰もが知っている京都の名所の、誰も知らない愉しみ方
歩いて愉しむ京都の名所
柏井 壽

オタキングが読み解く宮崎駿のジブリ作品
誰も知らないジブリアニメの世界
岡田斗司夫

マサイ族をも虜にする「コミュ力おばけ」の社交術
無神経の達人
千原せいじ

〝怪物〟が語る現役時代、そして令和の巨人軍
巨人論
江川 卓

SB新書

そのとき、日本を守るのは？　日本の安全保障を徹底解説！
第三次世界大戦　日本はこうなる
池上彰＋「池上彰のニュース　そうだったのか!!」スタッフ

憧れのフランス語が、たのしく学べる！
フランス語をはじめたい！
清岡智比古

日常の英会話はだいたい3語で済んでいる
日本人が思いつかない3語で言える英語表現186
キャサリン・A・クラフト

「誰に投票しても変わらない日本」を一新するオンリープラン
日本再起動
橋下徹

日本人なら知っておきたい、一生モノの教養
20歳の自分に教えたい日本国憲法の教室
齋藤孝